DER UMFASSENDE RATGEBER FÜR COCKAPOOS

David Anderson

Veröffentlichungsdaten

Anderson, David.

Der Umfassende Ratgeber Für Cockapoos ---- Erste Ausgabe.

Zusammenfassung: „Einen Cockapoo-Hund erfolgreich vom Welpen bis ins hohe Alter aufziehen" --- Vom Verlag bereitgestellt.

ISBN: 979-8-89818-022-5

[1. Cockapoo --- Sachbuch] I. Titel.

Entworfen von Sorin Rădulescu

Erste deutsche Ausgabe, 2025

Inhaltsverzeichnis

KAPITEL 1
Einführung in Cockapoos

„Cockapoos sind wahre Menschenfreunde; nichts macht sie glücklicher, als die Menschen um sie herum zufriedenzustellen! Sie sind eine unbeschwerte Rasse, die sowohl beim Kuscheln auf der Couch als auch bei einer Wanderung durch den Wald völlig zufrieden ist – sie passen sich einfach an. Außerdem sind sie unglaublich intelligent, und es gibt keine Grenzen für das, was man ihnen beibringen kann!“

Jamie
Niedliche Cockapoos

Einen neuen Hund in dein Leben zu bringen ist ein aufregendes Ereignis, besonders wenn es sich um einen Cockapoo handelt. Diese Rasse ist niedlich, verschmust und macht als Begleiter unglaublich viel Spaß Allerdings bedeutet ein neuer Hund auch viel Arbeit. Bevor du überhaupt die Chance hast, deinen Hund auszusuchen, musst du dir Gedanken über Züchter, Training und Ausstattung machen. Keine Sorge – dieses Buch führt dich durch alles, was du über das Leben mit einem Cockapoo wissen musst! Wir behandeln alles, von Futter und Bewegung bis hin zu Fellpflege und Tierarztbesuchen. Am Ende wirst du bestens vorbereitet sein, um einen neuen besten Freund bei dir aufzunehmen.

Was ist ein Cockapoo?

Der Cockapoo ist keine eigenständige Hunderasse – er ist eine Kreuzung zwischen einem Pudel und einem Cocker Spaniel. Für sich genommen sind beide Rassen tolle Hunde, aber zusammen ergeben sie einen Super-Hybriden, den du sicher lieben wirst. Wie viele Pudel-Mischlinge hat diese Rasse ein lockiges, flauschiges Fell und kann je nach Zucht in der Größe variieren.

Ein Cockapoo wird oft als „Designer-Hund“ bezeichnet. Das bedeutet, dass es keinen reinrassigen Standard für sie gibt. Stattdessen werden zwei Rassen gekreuzt, um wünschenswerte Eigenschaften einer Rasse in eine andere einzubringen. Designer-Rassen sind in den letzten Jahrzehnten immer beliebter geworden, und es gibt unzählige verschiedene

Foto Von
Jaci Ingham

Hybriden, aus denen potenzielle Hundebesitzer wählen können. Diese gemischte Abstammung bedeutet jedoch nicht, dass Designer-Hunde Mischlinge sind – sie werden sorgfältig gezüchtet und von Organisationen, die sich diesen Hybriden widmen, geschätzt.

Die Abstammung des Cockapoos verstehen

Du wirst feststellen, dass ein Cockapoo die besten Eigenschaften des Pudels und des Cocker Spaniels in sich vereint. Diese Rasse hat ein lockiges Fell mit großen, hängenden Ohren. Sie haben viel Energie, sind aber auch intelligent und leicht zu erziehen. Um diese Mischlingsrasse zu verstehen, hilft es, die typischen Eigenschaften von Pudel und Cocker Spaniel als einzelne Rassen zu kennen.

Pudel werden häufig für die Kreuzung von Designer-Hunden verwendet, und das aus gutem Grund. Die vielleicht offensichtlichste wünschenswerte Eigenschaft ist ihr lockiges Fell. Das Fell eines Pudel-Mischlings neigt dazu, Texturen mit der Rasse zu mischen, mit der er gekreuzt wird. Eine Rasse mit glattem Fell wird bei der Kreuzung mit einem Pudel Nachkommen mit welligem Fell hervorbringen. Außerdem werden Pudel in verschiedenen Größen gezüchtet, was zu einiger Variation und Auswahlmöglichkeiten beim Cockapoo führt. Standardpudel können ziemlich groß werden, daher wurden der Zwergpudel und der Toy-Pudel gezüchtet. Wenn Züchter kleinere Cockapoos anbieten, ist es wahrscheinlich, dass der Cocker Spaniel mit einer dieser kleineren Pudelarten gekreuzt wurde.

Während der Pudel oft als hochnäsig und zimperlich stereotypisiert wird, trifft dies auf die Rasse nicht zu. Pudel gehören zu den intelligenteren Hunderassen, was bedeutet, dass das Training mit ihnen einfach ist. Sie sind sensible Hunde und können daher viele Informationen aus ihrer Umgebung aufnehmen. Das ist gut, wenn es darum geht, deinen Hund zu trainieren, da ein sensibler Hund auf die nonverbalen Signale seines Besitzers achtet. Ein sensibler Hund möchte seinem Besitzer in der Regel gefallen, daher kann er besser verstehen, was du willst, und sein Verhalten entsprechend anpassen.

Pudel haben auch jede Menge Energie und brauchen viel Spiel und Bewegung. Wie bei jeder intelligenten Rasse ist geistige Anregung genauso wichtig wie körperliche Betätigung. Dieser Hund kann in einer kleinen Wohnung gut zurechtkommen, solange der Besitzer täglich einige Stunden für Bewegung und Spiel einplant.

Der Cocker Spaniel ist viel kleiner als der Standardpudel und wird selten schwerer als dreizehn Kilogramm. Das Fell dieses Hundes ist sehr dicht mit einer leicht welligen Textur. Dies ist eine der Rassen, bei denen regelmäßige Fellpflege unerlässlich ist; ohne regelmäßiges Bürsten und Trimmen wird das Fell zu einem verfilzten Durcheinander. Diese Rasse hat auch niedliche Schlappohren, die anfällig für Infektionen sind, besonders wenn sich Feuchtigkeit darunter sammelt.

Cocker Spaniels sind freundliche Hunde und sehr auf ihren Besitzer fixiert. Sie möchten so viel Zeit wie möglich mit ihren Lieblingspersonen verbringen und mögen es nicht, allein gelassen zu werden. Sie zeigen sich in der Regel freundlich gegenüber Fremden, Kindern und anderen Hunden, sind aber sensibel und können zunächst etwas zurückhaltend wirken, bis sie ihr Gegenüber kennengelernt haben. Sie bellen möglicherweise auch beim Klingeln an der Tür, da sie ihren Besitzer vor

Foto Von
Fiona Reid

11

jeder unbekannten Gefahr schützen wollen. Bei dieser Rasse ist die Sozialisierung der Schlüssel, denn sie müssen lernen, mit verschiedenen Menschen und Tieren zurechtzukommen.

Wie bei anderen kleinen Rassen benötigen Cocker Spaniels nicht so viel Bewegung wie größere Hunde. Sie sind verspielt und energiegeladen, aber nicht in einem Maße, dass sie unkontrollierbar wären. Dieser Hund ist mit einem schönen Spaziergang, viel Kuscheln und Aufmerksamkeit am Ende des Tages zufrieden.

Du wirst feststellen, dass der Cockapoo wirklich die goldene Mitte zwischen diesen beiden Hunderassen ist. Sie sind voller Energie, aber nicht ständig überdreht. Sie haben ein Fell, das Pflege erfordert, verlieren aber nicht viel Haar. Sie sind verschmust und sehr freundlich zu anderen. Es ist keine Überraschung, dass diese Mischlingsrasse seit so vielen Jahren beliebt ist.

Die Geschichte des Cockapoos

Während Pudel-Mischlinge in den letzten Jahren äußerst beliebt geworden sind, gibt es den Cockapoo schon länger als du vielleicht denkst! Diese Rasse geht fast sechzig Jahre zurück. Es ist nicht sicher, ob der erste Pudel/Cocker Spaniel-Mix absichtlich gezüchtet wurde, aber dem Züchter gefiel das Ergebnis und von da an nahm alles seinen Lauf. Seitdem haben Züchter diese Kreuzung weiter perfektioniert, um die wünschenswertesten Eigenschaften in diesem Hund hervorzubringen.

In Deutschland werden Cockapoos zunehmend beliebter, auch wenn sie vom VDH (Verband für das Deutsche Hundewesen) und der FCI (Fédération Cynologique Internationale) noch nicht als offizielle Rasse anerkannt sind. Anders als in Amerika gibt es hierzulande keine spezialisierten Cockapoo-Clubs, sondern deutsche Züchter orientieren sich oft an den Standards amerikanischer Organisationen wie dem Cockapoo Club of America (gegründet 1999) und dem American Cockapoo Club (gegründet 2004).

Diese amerikanischen Organisationen haben unterschiedliche Zuchtphilosophien: Der Cockapoo Club of America bevorzugt die Verwendung von Cockapoos für weitere Kreuzungen, um Konsistenz zu gewährleisten, während der American Cockapoo Club die direkte Verpaarung von Pudeln und Cocker Spaniels fördert. Wie du siehst, gibt es mehr als einen Weg, einen Cockapoo zu züchten!

Deutsche Cockapoo-Züchter hoffen auf eine zukünftige offizielle Anerkennung der Rasse und bemühen sich, durch verantwortungsvolle Zuchtpraktiken zu beweisen, dass auch Hybridhund-Züchter seriös arbeiten können. Mit etablierten Zuchtstandards können Züchter Würfe von Cockapoos mit ähnlichen Eigenschaften produzieren, sodass du eine gute Vorstellung davon hast, was dich erwartet, wenn du einen Cockapoo von einem seriösen Züchter kaufst.

Körperliche Merkmale

Der Standard-Cockapoo ist kein kleiner Hund. Oft als „Maxi-Cockapoo" bezeichnet, wiegen diese Hunde mehr als neun Kilogramm und sind mindestens 38 Zentimeter groß. Diese Rasse hat auch ein einfaches Fell, das in verschiedenen Texturen vorkommen kann. Das lockige oder wellige Fell ist am häufigsten, aber es gibt auch Cockapoos mit glattem Fell. Im Allgemeinen haben diese Hunde ein volles, flauschiges Fell, das nicht geschoren werden muss, um es unter Kontrolle zu halten. Wenn das Fell jedoch die Augen verdeckt, ist ein Schnitt erforderlich, um den Hund ordentlich und sauber aussehen zu lassen.

Wie bei vielen Mischlingen gibt es eine große Vielfalt an Fellfarben, wobei einige häufiger vorkommen als andere. Schwarz, Weiß, Creme, Braun, Beige und Rot sind alles Fellfarben, die bei Cockapoos zu sehen sind. Natürlich haben manche Hunde zwei oder drei dieser Farben in ihrem Fell. Die Variation wird durch die Fellfarben der Eltern verursacht. Wenn du Interesse an einer bestimmten Fellfarbe hast, erkundige dich

Foto Von Misty Reece

bei deinem Züchter, ob die Welpen diese Merkmale haben werden. Diese Rasse gibt es auch in verschiedenen Größen. Der Standard-Cockapoo ist der größte und wiegt über neun Kilogramm. Der nächstkleinere ist der Miniatur-Cockapoo mit sechs bis acht Kilogramm und einer Größe zwischen 28 und 36 Zentimetern. Noch kleiner ist der Toy-Cockapoo, der weniger als fünfeinhalb Kilogramm wiegt und 25 Zentimeter groß ist. Und falls das noch nicht klein genug für dich ist, ist der Teacup-Toy-Cockapoo ebenfalls etwa 25 Zentimeter groß, wiegt aber unter drei Kilogramm.

„Hypoallergene Hunde"

Einer der Hauptgründe, warum diese Hunde so beliebt sind, ist, dass sie oft als „hypoallergen" bezeichnet werden. Der Cockapoo verliert definitiv weniger Haare als ein Cocker Spaniel und könnte bei Menschen weniger allergische Reaktionen hervorrufen, aber kein Hund ist vollständig hypoallergen.

Im Allgemeinen gilt: Je lockiger das Fell, desto unwahrscheinlicher ist es, dass der Hund haart. Wenn ein Hund nicht übermäßig haart, bedeutet das, dass sich weniger Hautschuppen in deinem Zuhause verteilen. Da Hautschuppen oft der Grund dafür sind, dass Menschen in der Nähe von Haustieren niesen müssen, ist ein Hund mit weniger davon in der Regel schonender für die Nebenhöhlen. Für jemanden mit weniger schweren Allergien kann ein Hund mit lockerem Fell ausreichen, um die Allergien vollständig in Schach zu halten.

Aber wenn der Besitzer eine mittlere bis schwere Hundeallergie hat, kommt er vielleicht nicht damit davon, einen Pudel-Mischling in seinem Haus zu haben. Es ist auch möglich, gegen den Speichel eines Hundes allergisch zu sein. Und du wirst vielleicht feststellen, dass du gegen einige Hunde allergischer bist als gegen andere, selbst innerhalb desselben Wurfs. Wenn du also eine Hundeallergie hast, reicht es möglicherweise nicht aus, einen Pudel-Mischling zu kaufen. Ihr lockiges Fell kann einige Probleme verhindern und dein Zuhause sauberer halten, als wenn du einen Cocker Spaniel hättest, aber es gibt keinen vollständig hypoallergenen Hund.

Verhaltensmerkmale

Obwohl viele ihren zukünftigen Hund allein nach dem Aussehen auswählen, ist das Temperament wichtig bei der Auswahl des richtigen Hundes für deinen Haushalt. Glücklicherweise ist diese Rasse unkom-

Foto Von
Julie Bootle

pliziert und hat für verschiedene Haushalte viel zu bieten. Cockapoos sind im Allgemeinen zu fast jedem freundlich, mit dem sie in Kontakt kommen. Sie sind Begleithunde, die ihre Besitzer glücklich machen und so viel wie möglich an ihrer Seite sein wollen. Leider bedeutet das, dass diese Hunde zu Trennungsangst neigen können, wenn sie zu lange allein gelassen werden.

Cockapoos sind kluge Hunde, die von Gehorsamkeitstraining profitieren. Sie genießen es, neue Fähigkeiten und Tricks zu lernen. Diese Hunde haben viel verspielte Energie, aber nicht in dem Maße wie beispielsweise ein Pudel. Sie sind für jeden Besitzer gut zu handhaben, der ihnen ein moderates Maß an Bewegung bieten kann.

Ist ein Cockapoo das Richtige für mich?

Bevor du einen Cockapoo in deinen Haushalt bringst, ist es wichtig, deine Fähigkeit und Bereitschaft, alles zu bieten, was ein Cockapoo oder jeder andere Hund braucht, gründlich und ehrlich zu überprüfen. Die Menge an Aufmerksamkeit, körperlicher Energie und Zeit variiert von Rasse zu Rasse, daher ist es eine gute Idee, sicherzustellen, dass du und dein Zuhause für einen Cockapoo geeignet sind, bevor du einen nach Hause bringst.

Prüfe zunächst deine Wohnsituation. Wenn du in einer Wohnung oder einem kleinen Haus lebst, ist das möglicherweise nicht genug Platz für einen Standard-Cockapoo. Du kannst jedoch immer in Betracht ziehen, eine der kleineren Varianten zu kaufen, da sie nicht so viel Platz zum Herumstreifen benötigen. Ein Garten mit einem Zaun ist auch ein zusätzlicher Vorteil für einen Hund, da er ihnen mehr Raum zum Laufen und Spielen in einer sicheren Umgebung bietet. Ein bisschen zusätzlicher Platz kann einen großen Unterschied für das allgemeine Wohlbefinden deines Hundes machen, wenn es um seine Fähigkeit geht, Energie zu verbrennen. Aber im Gegensatz zu vielen anderen Rassen ist ein kleineres Zuhause bei diesem Hund kein Ausschlusskriterium.

Denke als Nächstes über deine zeitlichen Verpflichtungen nach. Dies sind Begleittiere und möchten so viel wie möglich in deiner Nähe sein. Wenn du also einen Job hast, bei dem du nie zu Hause bist, solltest du vielleicht ein anderes Haustier in Betracht ziehen, dass keine so starke Bindung zu dir aufbaut. Auch wenn es individuell unterschiedlich ist, neigen Cockapoos bei Vernachlässigung oft zu Trennungsangst. Du solltest genügend Qualitätszeit haben, um mit deinem Welpen zu verbringen, besonders in den ersten Tagen.

Dieser Hund hat moderate Bewegungsanforderungen, daher sind ein paar kurze Spaziergänge pro Tag und etwas zusätzliche Spielzeit ausreichend. Dein Hund wird diese Bewegung unabhängig vom Wetter brauchen, also musst du dich verpflichten, zwanzig Minuten oder länger am Stück zu gehen. Die kleineren Varianten benötigen etwas weniger Bewegung, falls das für dich und deinen Lebensstil einen Unterschied macht.

Schließlich musst du mit diesem Hund auch etwas Training absolvieren. Cockapoos sind im Allgemeinen ziemlich freundlich, aber ihre Cokker-Spaniel-Gene könnten sie etwas vorsichtiger werden lassen. Aus diesem Grund ist es wichtig, deinen Welpen zu sozialisieren und zu trainieren, sich um andere Tiere, Kinder und Fremde herum gut zu benehmen. Diese Rasse kommt am besten mit etwas Gehorsamkeitstraining und regelmäßiger Übung zurecht. Training kann Spaß machen, aber es kann auch manchmal frustrierend sein. Cockapoos sind sensible Tiere und reagieren am besten auf positive Trainingsmethoden. Bist du jemand, der Zeit für das Training aufbringen kann und dies mit einer positiven Methode tun kann? Wenn ja, wirst du keine Probleme haben, diesen Hund zu trainieren.

Wenn du diese kurze Liste der Voraussetzungen für den Besitz eines Cockapoos durchlesen und ehrlich sagen kannst, dass du jeden Punkt erfüllen kannst, dann ist es Zeit, dich auf deinen neuen Hund vorzubereiten! Wenn nicht, ist es vielleicht am besten zu warten, bis du in einer Lebensphase bist, in der du besser darauf vorbereitet bist, einen Cockapoo zu besitzen. Einen Cockapoo zu besitzen, bedeutet viel Arbeit, und alle Beteiligten werden viel glücklicher sein, wenn du vollständig auf die Verantwortung vorbereitet bist. Aber das Tolle an Cockapoos ist, dass sie im Allgemeinen leicht zu pflegen sind.

Cockapoos sind großartige Haustiere für Menschen jeden Alters und jeder Herkunft. Wenn du ihnen Liebe und Freundlichkeit zeigst, werden sie es dir danken. Was ihr Aussehen betrifft, gibt es so viel Variation, dass du Optionen hast, wenn es darum geht, den niedlichsten auszusuchen. Und ihre fröhlichen Persönlichkeiten werden dafür sorgen, dass du dich sofort in sie verliebst. Es gibt noch viel zu tun, bevor du deinen neuen besten Freund nach Hause bringst, aber wenn du das Ende des Buches erreicht hast, wirst du dich hoffentlich vollständig auf deinen neuen Cockapoo vorbereitet fühlen!

KAPITEL 2
Deinen Cockapoo auswählen

Nachdem du dich entschieden hast, dass diese Rasse die richtige für dich ist, wird es Zeit herauszufinden, wie du den passenden Hund findest. Bei der Wahl eines neuen Begleiters geht es um mehr, als einfach in eine Zoohandlung zu gehen und den süßesten Hund auszusuchen. Du musst ein wenig recherchieren und dir überlegen, was dir bei einem neuen Hund wichtig ist.

Kaufen oder Adoptieren

Foto Von Samantha Harwood

Die erste Entscheidung ist, ob du deinen neuen Hund kaufen oder adoptieren möchtest. Diese Entscheidung sollte davon abhängen, was für dich und dein Zuhause am besten ist. Menschen werden unweigerlich versuchen, dich in die eine oder andere Richtung zu drängen; letztendlich weißt du aber selbst am besten, was zu dir passt.

Es gibt viele Vorteile beim Kauf eines Hundes von einem guten Züchter. Erstens bekommst du eine gute Vorstellung davon, wie dein zukünftiger Hund aussehen und sich verhalten wird, denn Zucht ist eine Wissenschaft. Noch bevor die Welpen geboren werden, kann dir der Züchter die Eigenschaften seiner Welpen beschreiben, weil er Zeit mit den Elterntieren verbracht und frühere Würfe kennengelernt hat. Während ein unerfahrener Züchter möglicherweise kränkliche Hunde mit Verhaltensproblemen hervorbringt, weiß ein guter Züchter, welche Eigenschaften bei einem Cockapoo wichtig sind.

Manche Besitzer beginnen gerne von Grund auf mit der Erziehung ihres neuen Hundes. Wenn du der einzige Einfluss auf den Hund von klein auf bist, hast du die Kontrolle darüber, wie der Hund aufwächst. Wenn du mit einem Welpen anfängst, bestimmst du die Regeln von Tag

Foto Von
Susie Thomas

eins an. Wenn du einen Hund adoptierst, der bereits einen Vorbesitzer hatte, ist es schwer zu wissen, was der Hund von dieser Person gelernt hat. Oft hat der Hund keine Probleme, sich an das Leben mit einem neuen Besitzer anzupassen, aber du könntest feststellen, dass der Hund schlechte Angewohnheiten entwickelt hat, die einige Arbeit erfordern, um sie wieder rückgängig zu machen.

Andererseits gibt es auch viele Vorteile bei der Adoption. Der vielleicht beste Aspekt der Adoption ist natürlich das Wissen, dass du einem Hund ein dringend benötigtes Zuhause für immer gibst. Viele Befürworter der Adoption behaupten, dass ein geretteter Hund seinem Besitzer gegenüber dankbarer ist. Ob das stimmt oder nicht weiß man nicht, es ist jedoch unbestreitbar, wie gut es sich anfühlt, einem Hund eine zweite Chance im Leben zu geben.

Wenn du außerdem nicht daran interessiert bist, tausend Euro oder mehr für einen Cockapoo-Welpen auszugeben, ist die Adoption deutlich günstiger. Tierheime verlangen in der Regel eine kleine Gebühr, die aber auch tierärztliche Leistungen wie Impfungen und Kastrations-/Sterilisationsoperationen beinhaltet. So kannst du etwas Geld sparen, das du dann für die Verwöhnung deines Vierbeiners mit den besten Leckerlis und Spielzeugen ausgeben kannst!

Foto Von Greta Sheridan

Die Adoption ist auch vorteilhaft, wenn du Bedenken hast, einen neuen Welpen zu erziehen. Einige adoptierte Hunde brauchen vielleicht einen Auffrischungskurs in der Grundausbildung, wenn sie nicht aus einem guten Zuhause kamen, aber viele abgegebene Cockapoos stammen aus guten Familien, die in unglückliche Umstände geraten sind. Es ist durchaus möglich, einen erwachsenen Cockapoo zu bekommen, der stubenrein ist und einige Grundkommandos kennt. Die Erziehung eines Welpen ist harte Arbeit und sehr zeitaufwendig, daher kann es schön sein, etwas Hilfe von einem Vorbesitzer zu bekommen. Welpen sind niedlich, aber sie sind auch ungestüm und brauchen sehr viel Pflege. Vielleicht stellst du fest, dass ein ruhigerer erwachsener Cockapoo genau das ist, was du brauchst.

Wenn du dich entscheidest, einen Welpen zu kaufen, ist es wichtig, den richtigen Züchter zu finden. Da Cockapoos als Designer-Hunde gelten, ist dies besonders wichtig. Unerfahrene Züchter springen oft auf Trends auf, weil es ein einfacher Weg ist, zusätzliches Geld zu verdienen. Leider führt es zu Abweichungen vom Standard, wenn Menschen ohne das richtige Fachwissen Hunde züchten. Es kann zu Hunden mit genetischen Defekten und schlechten Verhaltenseigenschaften führen. Im Grunde wird dir ein minderwertiges Produkt zu einem hohen Preis verkauft.

Wie man einen guten Züchter findet

Ein guter Züchter weiß genau, was er tut, und hat die Erfahrung, um das zu belegen. Diese Menschen züchten Hunde aus Liebe zur Rasse, nicht nur für Geld. Sie arbeiten mit den besten Zuchttieren und produzieren Welpen, die Wettbewerbe gewinnen. Aber du musst wissen, wie du einen guten Züchter erkennst.

Wenn du den Cockapoo liebgewonnen hast, kennst du wahrscheinlich auch jemanden, der einen hat. Wenn der Besitzer mit seinem Hund zufrieden ist, frage unbedingt nach seinem Züchter. Züchter freuen sich über Empfehlungen von zufriedenen Kunden. Wenn du nieman-

Foto Von
Pat Johnson

den mit einem Cockapoo kennst, musst du ein wenig mehr eigene Recherche betreiben.

Beginne mit einer Liste von Cockapoo-Züchtern in deiner Gegend. Wenn sie eine Website oder Social-Media-Seite haben, schau dir das Bild an, das sie präsentieren. Allerdings kann man nur begrenzt etwas über einen Züchter anhand seiner Webpräsenz erfahren. Um mehr zu wissen, musst du Fragen stellen und dir die Einrichtungen ansehen.

Ein guter Züchter wird alle Fragen, die dir einfallen, gerne beantworten. Sie sind begeistert von Cockapoos und möchten ihr Wissen mit dir teilen. Schließlich haben sie hart gearbeitet und viel Zeit in ihre Ausbildung über die Rasse investiert.

Während dieser Informationssammlung solltest du den Züchter nach Gesundheitszertifikaten fragen. Dies sind Bescheinigungen, die ein Züchter dir vorlegen sollte, um zu garantieren, dass dein Welpe später im Leben keine genetischen Krankheiten bekommen wird. Die Eltern deines neuen Welpen sollten gesund sein, am besten mit einer Bestätigung vom Tierarzt. Ein weniger seriöser Züchter hat diese Art von Nachweis möglicherweise nicht zur Hand oder versucht sogar, diese Informationen zu verbergen. Du kannst auch nach Referenzen zufriedener Besitzer der Welpen fragen. Manche Züchter verlangen auch, dass du den Welpen in den ersten Monaten, nachdem du ihn nach Hause gebracht hast, zu einem Tierarzt bringst, nur um sicherzustellen, dass der Käufer mit der Gesundheit seines Hundes zufrieden ist. Dies schützt den Züchter, falls der Käufer später entscheidet, dass er den Hund nicht mehr möchte und versucht, Ausreden für eine Rückgabe zu finden. Diese Praxis ist sowohl für den Züchter als auch für den neuen Besitzer gut, um sicherzustellen, dass der neue Welpe so gesund wie möglich ist.

Wenn möglich, versuche, das Zuhause des Züchters zu besuchen. Der Bereich, in dem die Welpen gehalten werden, sollte sauber und frei von Tierkot sein. Sie sollten genügend Platz haben, um sich zu bewegen und Zeit mit ihren Geschwistern zu verbringen, nicht in einem winzigen Käfig eingesperrt sein. Wenn ein Züchter dir nicht erlaubt, zu ihm nach Hause zu kommen, oder geheimnisvoll darüber ist, wie die Welpen betreut werden, solltest du Abstand nehmen.

Frage schließlich nach Zertifizierungen. Ein Züchter sollte dir gerne von den Cockapoo-Verbänden erzählen, denen er angehört, oder von den verschiedenen Hundeclubs, in denen er Mitglied ist. Stelle sicher, dass sie sich wirklich um die Rasse kümmern und nicht nur versuchen, mit einem Trend Geld zu verdienen.

Deinen Cockapoo auswählen

Sobald du den richtigen Züchter gefunden hast, ist es Zeit, den Hund auszuwählen. Es mag verlockend sein, deinen neuen Welpen nur aufgrund eines Bildes auszuwählen, aber wenn du wirklich die Wahl aus dem Wurf haben möchtest, kann ein persönlicher Besuch dir helfen, den richtigen Hund zu finden.

Auch wenn ein guter Züchter alles dafür tut, dass die Welpen ein gutes Temperament haben, wirst du trotzdem kleine Unterschiede zwischen den Welpen eines Wurfs bemerken. Genau wie bei menschlichen Geschwistern hat jeder Welpe seine eigene einzigartige Persönlichkeit. Wenn du die Möglichkeit hast, aus dem gesamten Wurf zu wählen, verbringe etwas Zeit damit, mit den Welpen zu spielen, und beobachte, wie sie sowohl auf Menschen als auch auf die anderen Hunde reagieren. Wähle dann einen Hund, der irgendwo in der Mitte des Persönlichkeitsspektrums liegt.

Du wirst zum Beispiel vielleicht feststellen, dass einige Welpen sehr ungestüm sind, während andere unterwürfig und schüchtern sind. Keines der Extreme ist am besten, also willst du den Welpen, der verspielt, aber auch in der Lage ist, ruhig und lieb zu sein. Ein übermäßig dominanter Welpe könnte sich zu einem sturen Hund entwickeln, und ein schüchterner Welpe könnte Ängste oder Phobien entwickeln. Natürlich werden viele Verhaltensweisen erst später erlernt, aber einen Welpen zu finden, der irgendwo in einer glücklichen Mitte von Persönlichkeitsmerkmalen liegt, könnte dir auf dem Weg zur Welpenerziehung helfen. Unterschätze auch nicht deinen ersten Instinkt. Wenn du feststellst, dass du eine besondere Bindung zu einem bestimmten Hund aufbaust, könnte das der Richtige für dich sein.

Wenn ein Cockapoo dein Traumhund ist, weil du Allergien hast, ist es besonders wichtig, dass du die Welpen persönlich überprüfst. Du solltest sicherstellen, dass du dich nach einiger Zeit in der Nähe der Hunde noch wohlfühlst. Du möchtest den Welpen vielleicht sogar erlauben, dir Küsschen zu geben, nur um sicherzustellen, dass auch ihr Speichel keine allergische Reaktion auslöst. Gehe niemals davon aus, dass ein Hund bei dir keine allergische Reaktion hervorruft, nur weil er als hypoallergen beworben wird. Jeder

23

Mensch ist anders, und was für andere funktioniert, muss nicht unbedingt für dich funktionieren.

Tipps zur Adoption

Wenn du dich für den Adoptionsweg entscheidest, gibt es einige Möglichkeiten, um sicherzustellen, dass du den perfekten Cockapoo bekommst. Bei lokalen Tierheimen ist es Glückssache, ob sie die richtige Rasse haben. Hier kommen Adoptions- und Rettungswebsites ins Spiel. Websites wie deine-tierwelt.de ermöglichen es dir, nach bestimmten Rassen in deiner Nähe zu suchen. Wenn du einen größeren Suchradius wählst, kannst du alle Cockapoos in der Entfernung finden, die du bereit bist zu fahren, um einen Hund zu adoptieren. Oder du kannst selbst nach Cockapoo-Rettungsstationen suchen. Das sind Organisationen, die Cockapoos aus Tierheimen sammeln und an gute Besitzer weitervermitteln.

Du solltest nicht denken, dass es reicht, einfach die Gebühr zu bezahlen und deinen neuen Cockapoo abzuholen. Da diese Hunde einmal abgegeben wurden, sind die Freiwilligen, die diese Heime betreiben, sehr wählerisch, was die Haushalte betrifft, in die sie als nächstes kommen. Zu viel Veränderung kann für einen Hund schwierig sein, daher soll ihr nächstes Zuhause ihr letztes Zuhause für den Rest ihres Lebens sein. Besonders bei Cockapoo-Rettungsstationen kannst du mit einem detaillierten Antragsformular und sogar einem Hausbesuch rechnen. Sie möchten wissen, wer in deinem Haus lebt und ob du andere Haustiere hast. Sie möchten wissen, wo du wohnst, welche Erfahrungen du mit Hunden hast und ob du einen Gartenzaun ohne Lücken hast, durch die ein Hund schlüpfen könnte.

Wenn deine Websuche einen Hund ergibt, fühle dich nicht verpflichtet, ihn zu adoptieren. Vielleicht hattest du dein Herz an einen erwachsenen Hund verloren, und der im Tierheim ist ein Welpe. Oder vielleicht ist dokumentiert, dass er nicht gut mit Kindern umgehen kann, und du hast Kinder zu Hause. Es kann schwierig sein, auf den perfekten Hund zu warten, der in einem Tierheim in deiner Nähe auftaucht, aber es ist besser, einen Hund nicht in eine Situation zu zwingen, die nicht zu dir passt. Du wirst nur Probleme bekommen und den Hund ins Tierheim zurückbringen müssen. Es kann etwas Zeit dauern, den richtigen Cockapoo zur Adoption zu finden, aber es wird sich absolut lohnen, wenn du deinen Hund in sein neues Zuhause für immer bringen kannst.

Sobald du dich entschieden hast, dass du einen Cockapoo in deinem Zuhause haben möchtest, ist es schwer, nicht überstürzt zu handeln und den ersten verfügbaren Hund zu kaufen. Nimm dir Zeit und erkunde alle deine Möglichkeiten. Das erlaubt dir nicht nur, den besten Welpen für dich zu bekommen, sondern du hast auch Zeit herauszufinden, was du brauchst, um das Leben deines zukünftigen Hundes so perfekt wie möglich zu gestalten. Unterstütze gute Züchter, die ethische Praktiken anwenden, anstatt Hinterhofzuchtbetriebe zu finanzieren. Stelle außerdem so viele Fragen wie möglich! Ein Züchter ist eine großartige Wissensquelle für alles rund um den Cockapoo. Lerne so viel wie möglich von ihnen, damit der Übergang deines Hundes in dein Zuhause reibungslos verläuft.

*Foto Von
Dondra Blackwell*

KAPITEL 3

Dein Zuhause für deinen Cockapoo vorbereiten

„Ich empfehle Familien, dass ihr Zuhause kindersicher sein sollte. Wie bei jedem Welpen gibt es eine Eingewöhnungsphase; sie müssen sich an die Routine und Gerüche der neuen Familie gewöhnen."

Luann Woodard
Cockapoo Cottage

Während du dabei bist, den richtigen Züchter oder das passende Tierheim zu finden, ist es die ideale Zeit, dein Zuhause für deinen neuen Cockapoo vorzubereiten. Wenn du einen neuen Hund ohne Vorbereitung nach Hause holst, bedeutet das oft unnötigen Stress für dich und deinen Vierbeiner. Da du möchtest, dass das Leben deines neuen Hundes bei dir reibungslos beginnt, solltest du vor dem großen Tag alles in Ordnung bringen. Das bedeutet, dass du alle Mitglieder deines Haushalts auf die Hundehaltung vorbereiten, Bereiche für den Welpen einrichten und versteckte Gefahren in deinem Zuhause beseitigen musst.

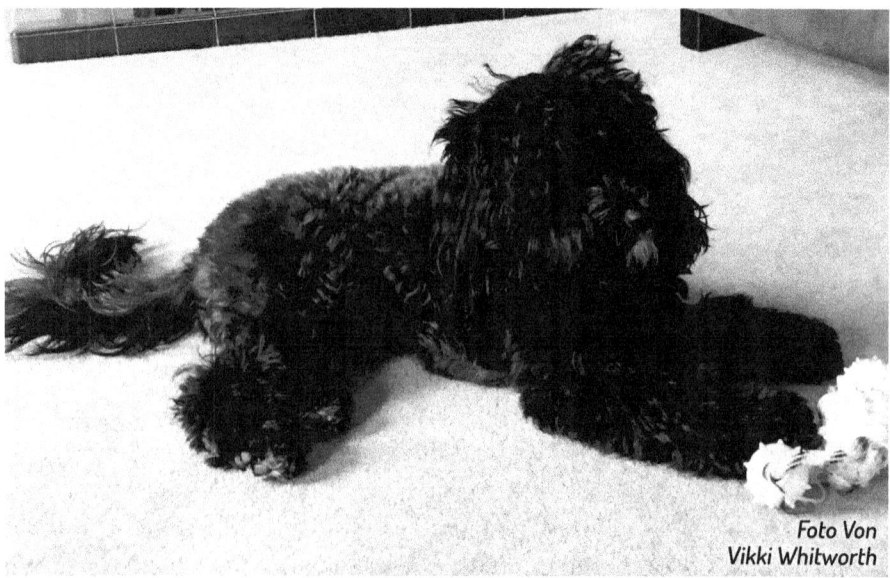

Foto Von
Vikki Whitworth

Haustiere und Kinder vorbereiten

Mit der Zeit wird dein Hund lernen, wie er mit Menschen und anderen Tieren umgehen kann, damit er sich mit allen versteht. Bis dahin ist es notwendig, den anderen Menschen (und Haustieren) in deinem Haushalt beizubringen, wie sie sich um einen neuen Welpen verhalten sollen.

Wenn dies dein erster Hund ist und du Kinder hast, wird es eine sehr aufregende Zeit für alle. Aber wenn dein Kind nicht viel Erfahrung mit Tieren hat, weiß es vielleicht nicht, wie es sich um einen Hund verhalten soll. Es ist wichtig, Kindern beizubringen, wie sie mit Hunden umgehen sollen, da ein Hund seine Instinkte nur begrenzt kontrollieren kann. So lieb er auch sein mag – wenn er eine vermeintliche Gefahr spürt, reagiert er instinktiv wie ein Tier.

Der Cockapoo ist ein sehr sensibler Hund, der dazu neigt, freundlich zu Kindern zu sein, aber dennoch seine Grenzen hat. Viele laute Geräusche können diese Rasse überreizen oder erschrecken, besonders wenn der Hund sich noch nicht an fremde Geräusche gewöhnt hat. Wenn Hunde Angst haben, versuchen sie normalerweise zuerst, sich aus der Situation zu entfernen. Wenn das nicht möglich ist, könnten sie aggressiv werden.

Stellen wir uns zum Beispiel vor, dass dein neuer Cockapoo von aufgeregten Kindern an unangenehmen Stellen gestupst und betatscht wird. Seine erste Reaktion könnte sein, vor dem Problem wegzulaufen. Aber Kinder sind hartnäckig und könnten den Welpen in die Ecke drängen und ihr raues Streicheln fortsetzen. Ein verängstigter Hund wird knurren und die Zähne fletschen, aber auch das kann von einem kleinen Kind, das die besondere Sprache eines Hundes nicht versteht (oder es lustig findet oder als Teil eines Spiels betrachtet), übersehen werden. Schließlich wird der Hund schnappen – seine letzte Warnung, dass er gestresst ist und etwas Abstand braucht. Leider kann das für ein Kind sehr erschreckend und gefährlich sein und könnte weitere Probleme für deinen Haushalt verursachen.

Eine Möglichkeit, solche Situationen zu vermeiden, ist, deinen Kindern die Warnsignale deines Hundes beizubringen. Wenn sie sehen, dass ihr Hund sich vor ihnen duckt, sag ihnen, dass der Hund Abstand braucht, wie eine Auszeit. Auf diese Weise können sowohl dein Hund als auch deine Kinder einen Moment zum Abkühlen nehmen.

Selbst der sanfteste Hund wird es nicht genießen, mit kleinen Fingern gestupst und gepiekst zu werden. Es ist nicht ungewöhnlich, dass ein neugieriges Kind um die Augen oder Ohren herumstochert, was für einen Hund sehr empfindlich sein kann. Der kleine, wedelnde Schwanz deines Cockapoos ist zwar entzückend, aber dein Hund mag es überhaupt nicht, wenn daran gezogen wird. Bringe Kindern bei, wie man „schön streichelt", indem man mit flacher Hand vom Nacken bis zum Schwanzansatz streicht. Das ist eine gute Möglichkeit für kleine Kinder, eine Bindung zu ihrem neuen Haustier aufzubauen, ohne Gefahr zu laufen, gebissen zu werden.

Wenn du bereits Haustiere hast, solltest du sie frühzeitig mit deinem Cockapoo bekannt machen. Wenn dein Züchter dir erlaubt, den Welpen von seinem Gelände wegzunehmen, um deine Haustiere kennenzulernen, wird dir das auf lange Sicht sehr helfen. Wenn du adoptierst, wird das Tierheim oder die Rettungsorganisation dir wahrscheinlich erlauben (und dich sogar ermutigen), den Cockapoo mit nach Hause zu nehmen, um die Situation zu überprüfen.

Dieser Prozess kann mehrere Schritte erfordern, bevor du dich wohl dabei fühlst, deine Haustiere zusammenzubringen. Hunde mögen es nicht, zu Interaktionen mit fremden Tieren gezwungen zu werden, und ihr Widerstand kann dich zurückwerfen, wenn die Dinge beim ersten Treffen nicht gut laufen.

Für euer erstes Treffen wähle neutralen Boden. Hunde sind bekanntlich territorial, und selbst der wohlerzogenste Welpe kann sich aggressiv gegenüber einem fremden Hund verhalten, wenn er das Gefühl hat, dass sein Raum bedroht ist. Dein alter Hund kommt vielleicht nicht mit einem anderen Hund zurecht, wenn dieser in seinem Zuhause ist. Ein Park oder der Garten eines Freundes ist ein großartiger Ort, um dieses Treffen zu arrangieren, da keiner der Hunde das Gefühl haben wird, den Raum zu „besitzen". Du kannst sogar deinen Züchter fragen, ob es in Ordnung ist, deinen Hund zu ihm nach Hause zu bringen, da es dort wahrscheinlich viel Platz zum Herumstreifen gibt.

Jetzt ist es Zeit, Verstärkung zu holen. Da es schwierig sein kann, zwei Hunde gleichzeitig zu handhaben, bitte einen Freund oder ein Familienmitglied, dir bei der Kennenlernphase zu helfen. Leine beide Hunde sicher an, um einen Zwischenfall zu vermeiden. Nähere dich langsam deinem Freund mit dem anderen Hund und lass die beiden Vierbeiner einander beschnüffeln. Bleibe ruhig und entspannt und zwinge die Hunde nicht zur Interaktion, wenn sie kein Interesse daran haben. Gib den Hunden auch genügend Zeit zum Schnüffeln. Durch das Beschnüffeln des Hinterteils können viele Informationen gewonnen werden, also erlaube ihnen, ihre vollständige Vorstellung auf die Art und Weise zu machen, wie Hunde es gewöhnlich tun.

Foto Von
Karen Oakley

Wenn dieses Treffen ohne Probleme verläuft, bist du auf dem besten Weg, beide Hunde miteinander vertraut zu machen. Wenn nicht, gib den Hunden viel Raum und versuche es ein anderes Mal erneut.

Wenn deine Hunde den ersten Schritt bestanden haben, ist es Zeit, sie in deinem Haus wieder zusammenzubringen. Du möchtest vielleicht sogar einen weiteren kleinen Schritt machen und die Hunde sich im Garten beschnüffeln lassen, bevor du ins Haus gehst. Wiederhole den Prozess mit den Hunden an separaten Leinen und gib ihnen die Chance, sich im Haus wohlzufühlen. Wenn alles gut läuft, kannst du sie sogar ein wenig spielen lassen. Sei vorsichtig und stelle sicher, dass das Spiel nicht in einen Kampf ausartet. Du wirst jedoch vielleicht feststellen, dass dein älterer Hund den Welpen in seine Schranken weisen möchte, als der rangniedrigere Hund in der Beziehung.

Wenn die Dinge nicht so gut laufen, bedeutet das nicht, dass alle Hoffnung auf einen friedlichen Haushalt verloren ist! Es kann einige Zeit dauern, bis sich deine Hunde miteinander wohlfühlen. Lass deinen Hunden etwas Zeit und Raum voneinander und versuche es später erneut. Es kann frustrierend sein, wenn der Fortschritt langsam erscheint, aber es ist am besten, geduldig zu sein, damit alle glücklich und zufrieden sind.

Gefahren im Haushalt

Foto Von
Susie Thomas

Sobald alles mit deinen Kindern und anderen Haustieren geklärt ist, ist es Zeit sicherzustellen, dass dein Haus für deinen neuen Hund bereit ist. Wenn dies dein einziger Hund ist, ist dir vielleicht nicht bewusst, dass es versteckte Gefahren in deinem Haus für einen Vierbeiner gibt. Nimm dir etwas Zeit, um dein Zuhause auf Dinge zu untersuchen, die für einen neuen Welpen gefährlich sein könnten. Denke daran wie beim „Kindersichern" deines Hauses für deinen neuen Ankömmling.

Besonders bei Welpen solltest du davon ausgehen, dass alles, was dein Hund erreichen kann, angeknabbert wird. Du hast vielleicht die Angewohnheit, deine Schuhe an der Haustür auszuziehen und sie dort zu lassen, aber ein Hund wird warten, bis du nicht in der Nähe bist, und sie in Stücke kauen. Gewöhne dir an, Gegenstände aufzuheben, die für einen Hund in Reichweite sind. Schuhe, Kabel und Fernbedienungen auf Couchtischen sind alles häufig angekaute Gegenstände. Diese Dinge können ein Risiko für Stromschläge oder Ersticken darstellen, wenn dein Welpe ein großer Kauer ist. Kleinere Gegenstände wie Socken und Unterwäsche können verschwinden und die Hilfe eines Tierarztes erfordern, um sie zurückzuholen.

Du wärst überrascht, wie geschickt ein Cockapoo sein kann. Ihre Intelligenz ermöglicht es ihnen, herauszufinden, wie sie an die Dinge herankommen, die sie wollen. Wenn Reinigungsmittel offen sichtbar oder sogar auf der Arbeitsplatte stehen, ist es für einen Hund durchaus möglich, eine Flasche in die Hände zu bekommen und gefährliche Chemikalien zu verschlucken. Oder wenn du Reinigungschemikalien in deiner Toilettenschüssel hast, möchte ein Cockapoo vielleicht einen kleinen Schluck nehmen. Stelle sicher, dass dein Hund keinen Zugang zu Reinigungsmitteln hat, denn ein neugieriger Hund wird alles ausprobieren wollen.

Es ist großartig, einen eingezäunten Garten zu haben, weil du deinen Hund ohne ständige Aufsicht an der frischen Luft verbringen lassen kannst, aber wenn du nicht vorsichtig bist, kann dein Hund durch harmlos aussehende Pflanzen sehr krank werden. Wenn du viel Bepflanzung in deinem Garten hast, schau dir genau an, was dort gepflanzt ist. Es gibt tonnenweise gängige Pflanzen, die deinen Hund sehr krank machen können, wenn er beschließt, an einer zu knabbern. Efeu, Lilien und Funkien sind häufige Gartenpflanzen, die für Hunde giftig sind. Wenn ein kleiner Cockapoo eine davon frisst, braucht es nicht viel, um ihn krank zu machen. Wenn du besorgt bist, gefährliche Pflanzen in deinem Garten anzubauen, suche nach Pflanzen, die für Hunde giftig sind. Viele Websites enthalten Listen und Bilder, die dir helfen, Pflanzen zu identifizieren, die für Hunde nicht sicher zu fressen sind. Nicht alle Hunde werden Lust haben, einen großen Bissen aus deinen Zierpflanzen zu nehmen, aber es ist gut, sich einiger dieser versteckten Gefahren bewusst zu sein.

Durchsuche auch deine Garage und deinen Geräteschuppen, bevor du deinen Hund nach Hause bringst. Auch wenn dein Hund möglicherweise nicht oft Zugang zu diesen Bereichen hat, solltest du darauf achten, dass sich keine Gegenstände auf Schnauzenhöhe befinden, falls er doch einmal hineingerät.. Im Grunde alles, was du nicht möchtest, dass ein Kind es isst, solltest du außer Reichweite deines Hundes bringen. Dazu gehören Pestizide, Düngemittel oder Nagetiergifte. Die klebrige Mausefalle, die du vor Jahren in die Ecke der Garage gestellt und vergessen hast, wird von deinem Hund leicht gefunden werden. Wenn du dich an ein Leben ohne einen neugierigen Hund gewöhnt hast, der entschlos-

Foto Von Emma Balsom

sen ist, in alles hineinzukommen, ist es leicht, Dinge zu übersehen, die in der Vergangenheit nie ein Problem waren. Sei vorsichtig mit den Produkten, die du in deinem Garten und Zuhause verwendest, besonders wenn dein Cockapoo häufig allein im Garten herumlaufen darf.

Bereiche für deinen Cockapoo vorbereiten

Jetzt ist auch die Zeit, über die Bereiche in deinem Zuhause nachzudenken, zu denen du Zugang gewährst. Wenn du planst, deinen Cockapoo oft draußen zu halten, überlege ernsthaft, wo du die meiste Zeit verbringst. Cockapoos müssen viel Zeit mit ihren Menschen verbringen. Wenn du planst, deinen Hund die ganze Zeit draußen zu halten, während du drinnen bist, wird dein Hund sehr einsam werden. Du musst deinen Hund nicht unbedingt in deinem Bett schlafen lassen, aber deinem Hund zu erlauben, Zeit mit dir im Haus zu verbringen, ist entscheidend für das Glück deines Cockapoos. Dies ist keine Rasse, die den ganzen Tag draußen gelassen werden kann.

Ein Welpe kann jedoch im Haus Unheil anrichten, wenn er unbeaufsichtigt bleibt. Fühle dich nicht verpflichtet, deinem Cockapoo freien Lauf im Haus lassen. Schließe alle Türen, durch die dein Hund nicht gehen soll, und verwende Gitter, um zu verhindern, dass er die Treppe hinunterstolpert oder verbotene Flure erkundet. Auch wenn du möchtest, dass dein Hund genügend Platz zum Herumstreifen hat, ist es gut, deinem Welpen früh Grenzen zu setzen.

Eine Möglichkeit, deinen Hund in deinem Zuhause wohlfühlen zu lassen, ist, ihm etwas persönlichen Raum zu geben. Bestimme einen Teil des Hauses, um das Bett oder die Box deines Hundes aufzustellen. Die Ecke der Küche oder des Wohnzimmers ist eine gute Wahl, da sie deinem geselligen Hund ermöglicht, Teil der Familie zu sein und gleichzeitig etwas privaten Raum zum Entspannen zu haben.

Sobald du diesen Bereich mit bequemen Decken und Spielzeug eingerichtet hast, lass ihn in Ruhe. Das lehrt ihn, dass er, wenn er sich ängstlich oder unwohl fühlt, zu diesem Ort gehen kann, um eine kleine „Auszeit" zu nehmen. Wenn dein Cockapoo bereit ist, unter Menschen zu sein, zeigt er dir das von selbst. Gibst du ihm seinen eigenen Rückzugsort, kann er dir deutlich machen, wann er gestresst oder verärgert ist. Es kann verlockend sein, ihn zu stören, aber es ist wichtig, ihn in Ruhe zu lassen, wenn er sich auf sein Bett oder in seine Box zurückzieht.

Du könntest zum Beispiel einen Hund haben, der es hasst, wenn seine Krallen geschnitten werden. Er mag für die ersten paar Krallen still sitzen oder zappeln, aber ab einem bestimmten Punkt hat er seine To-

*Foto Von
Maria McNamara*

leranzschwelle erreicht und muss fliehen, bevor er ausrastet. Wenn er aufspringt und sich auf seinem Bett zusammenrollt, kann es verlockend sein, ihn festzuhalten und die Arbeit zu beenden. Du solltest jedoch diesem Drang widerstehen. Wenn du seinen Raum verletzt, hat er keinen sicheren Ort mehr zum Abkühlen. Du kannst immer später die Arbeit beenden – lass ihm seinen Moment und verhindere, dass er ausrastet, wenn er aufgebracht wird.

Wenn du planst, deinen Hund ohne Aufsicht Zeit im Freien verbringen zu lassen, möchtest du vielleicht auch einen gemütlichen Platz für ihn im Garten einrichten. Bei schönem Wetter lassen viele Besitzer ihren Hund für ein paar Stunden an der frischen Luft entspannen, während sie weg sind. Leider kann eine Wetteränderung unerwartet sein. Stelle sicher, dass du einen Platz in deinem Garten hast, der an heißen, sonnigen Tagen ausreichend Schatten bietet. Wenn du nicht viele Bäume oder Sträucher hast, unter denen dein Hund ruhen kann, erwäge, eine Markise oder einen Sonnenschirm für deine Terrasse zu besorgen. Dies bietet auch Schutz vor Regen und Schnee.

Ein Zaun ist wichtig, wenn du deinen Cockapoo unbeaufsichtigt in der Sicherheit deines eigenen Gartens herumlaufen lassen möchtest. Ein Cockapoo-Besitzer wird je nach Art des Cockapoos, den du hast, unterschiedliche Anforderungen an einen Zaun stellen. Wenn du eine der kleineren Varianten hast, musst du sehr vorsichtig sein, um sicherzustellen, dass sie nicht durch Lücken schlüpfen können. Es braucht nicht viel Graben für einen kleinen Cockapoo, um auszubrechen. Oder wenn du einen niedrigen Zaun hast, wärst du überrascht, wie federnd dein Standard-Cockapoo ist, wenn er ein Eichhörnchen auf der anderen Straßenseite sieht. Wenn du einen Zaun für deinen neuen Cockapoo installierst, solltest du auch in Betracht ziehen, etwas zu wählen, das keine Sicht durch den Zaun ermöglicht. Ein Maschendrahtzaun mag eine günstigere Option sein, aber bedenke, wie sehr dein Hund Leute in Nachbarhäusern anbellen möchte.

Nachdem du Kindern beigebracht hast, wie sie sich um einen neuen Hund verhalten sollen, Hunden beigebracht hast, wie sie sich um den neuen Cockapoo verhalten sollen, und einen schnellen Rundgang durch dein Zuhause gemacht hast, wirst du dich besser darauf vorbereitet fühlen, den neuen Welpen in sein neues Zuhause zu bringen. Cockapoos sind sensibel und können den Stresspegel ihrer Besitzer wahrnehmen. Wenn du also möchtest, dass sich dein neuer Welpe ruhig fühlt, musst du dich auch ruhig fühlen. Zu wissen, dass dein Hund in deinem Zuhause sicher sein wird, wird dir helfen, dich mit einem neuen Cockapoo in der Familie wohlzufühlen.

KAPITEL 4
Deinen Cockapoo nach Hause bringen

„Der Cockapoo ist eine ausgezeichnete Rasse für das Leben in der Stadt. Sie sind keine ‚Hochenergie-Hunde‘, benötigen aber trotzdem ein paar Spaziergänge am Tag oder einen eingezäunten Garten zum Spielen."

Alisa Foerderer

Foerderer Horses and Cock-a-poos

Die Vorbereitungen sind noch nicht abgeschlossen! Vielleicht planst du gerade, wann du deinen neuen Cockapoo nach Hause holen wirst, aber es gibt noch einiges zu tun, um den Übergang in dein Zuhause so reibungslos wie möglich zu gestalten. Es mag übertrieben erscheinen, all diese Maßnahmen nur für einen Hund zu treffen, aber du wirst feststellen, dass sich die Vorbereitung absolut lohnt.

Dieses Kapitel führt dich durch einige wichtige Dinge, die du in den ersten Tagen mit deinem neuen Cockapoo zu Hause beachten solltest. Es behandelt Dinge, die du frühzeitig organisieren solltest, sowie einige Gegenstände, die du bereithalten solltest. Schließlich werden wir die durchschnittlichen Kosten für einen Cockapoo im ersten Lebensjahr aufschlüsseln, damit es später keine Überraschungen für dich gibt.

Hunde sind feinfühlige Wesen, und der Cockapoo ist es noch mehr als andere Rassen. Sie haben eine besondere Art, deine Gefühle wahrzunehmen, indem sie auf deine nonverbalen Signale achten. Sie merken, wenn du glücklich bist, und sie wissen, wenn du aufgebracht bist. Manchmal schauen Hunde zu ihren Menschen, um zu erfahren, wie sie sich fühlen sollen. Wenn du glücklich und aufgeregt bist, wird dein Hund das spiegeln und ähnlich reagieren. Wenn du gestresst und überfordert bist, könnte dein Hund das als Signal verstehen, in Panik zu geraten, weil offensichtlich etwas nicht stimmt. Sie verstehen vielleicht nicht, dass ihre Ankunft die Ursache des Stresses ist, aber sie werden diese Angst trotzdem spüren. Je weniger Stress du also bei der Ankunft deines neuen Familienmitglieds empfindest, desto reibungsloser wird es für alle im Haushalt verlaufen.

Foto Von
Jenna Galpin

Die erste Nacht zu Hause

Die erste Nacht zu Hause wird wahrscheinlich ziemlich anstrengend. Dein Hund wird in einer völlig neuen Umgebung sein, ohne seine Mutter oder Geschwister. Er könnte viel weinen und sucht dann deine Nähe, um getröstet zu werden. Wenn dein Cockapoo noch ein Welpe ist, wird er auch häufig zur Toilette müssen. Wenn du es nicht gewohnt bist, mehrmals in der Nacht aufzustehen, wird das eine große Umstellung für dich sein.

Wenn du mit einer Transportbox trainierst (was du ernsthaft in Betracht ziehen solltest), solltest du die Box an einen Ort stellen, der nah an deinem Schlafplatz ist. So weiß dein Hund, dass du in der Nähe bist und ihn nicht verlassen hast, und du kannst hören, wenn er weint, weil er zur Toilette muss oder getröstet werden möchte. Besonders in den ersten Tagen solltest du dich darauf einstellen, dass dein Schlaf durch deinen Hund unterbrochen wird. Wenn sich dein Hund in deinem Zuhause wohler fühlt, kannst du seine Box oder sein Bett weiter wegstellen. Manche Besitzer schlafen gerne mit ihrem Hund im Bett. Während das völlig Geschmackssache ist, denk daran, dass es Zeiten geben wird, in denen du nicht möchtest, dass dein Cockapoo dein Bett in Beschlag nimmt. Du kannst ihn zwar wegschubsen, aber er versteht vielleicht nicht, warum er manchmal dort schlafen darf und manchmal nicht.

Wenn du Unfälle in der Nacht vermeiden möchtest, bereite dich darauf vor, alle paar Stunden aufzustehen, um mit deinem Hund nach draußen zu gehen. Ein Welpe kann seinen Harndrang nicht länger als ein oder zwei Stunden zurückhalten. Wenn du also nicht am Morgen eine Sauerei aufwischen willst, musst du aufstehen und nach draußen gehen, wenn er weint.

Die Nacht ist eine gute Gelegenheit, alle anderen Türen in deinem Haus zu schließen und Gitter aufzustellen. Wenn du dein Zuhause für deinen Hund offen lässt, änderst du diese Entscheidung vielleicht, wenn du am nächsten Morgen aufwachst. Wenn du nicht wach bist, um die Bewegungen deines Hundes zu überwachen, stellst du vielleicht fest, dass er gerne erkundet und sich beruhigt, indem er an deinen Möbeln kaut. Ein unbeaufsichtigter Hund kann sehr schnell in viele Schwierigkeiten geraten. Minimiere daher das Risiko, indem du den Großteil deines Zuhauses zur Schlafenszeit unzugänglich machst.

Deine erste Nacht könnte für deinen neuen Hund sehr stressig sein, und dieser Stress wird möglicherweise erst nach ein oder zwei Wochen vollständig verschwinden. Dein Hund lernt, wie man mit einem neuen Menschen an einem neuen Ort ohne seine Familienmitglieder lebt. Sein

Weinen in den ersten Nächten ist kein Anzeichen für seine allgemeine Unzufriedenheit bei dir – er gewöhnt sich einfach an sein neues Zuhause. Schon bald wird er die ganze Nacht durchschlafen.

Wie du einen Tierarzt findest

In den ersten ein bis zwei Wochen ist es wichtig zu entscheiden, wohin du deinen Cockapoo zur tierärztlichen Versorgung bringen wirst. Wenn du in einer Stadt lebst, in der es viele Auswahlmöglichkeiten gibt, kann die Entscheidung schwierig sein. Freunde, Züchter, Tierschutzhelfer und Trainer sind alle gute Quellen für Empfehlungen. Auch die Preise und Leistungen variieren von Praxis zu Praxis, sodass du möglicherweise etwas „shoppen" musst, um eine zu finden, die deinen Bedürfnissen entspricht. Zum Beispiel könnte die kleine Klinik in deiner Nähe ein guter Ort für Untersuchungen und allgemeine Versorgung sein, aber vielleicht haben sie kein Labor oder keine chirurgischen Einrichtungen. Das bedeutet, dass dein Hund bei Bedarf einer fortgeschrittenen Behandlung in eine andere Klinik müsste. Beide Optionen sind gültig, aber es ist gut, das gesamte Leistungsspektrum zu kennen, bevor du dich für einen Tierarzt entscheidest.

Wenn dein regulärer Tierarzt keine Notfalldienste anbietet, ist es ratsam, die nächstgelegene Notfallklinik für Tiere zu finden und deren Kontaktdaten aufzuschreiben. Auch wenn man es sich nicht wünscht, kann deinem Cockapoo jederzeit etwas passieren. Damit du im Ernstfall schnell reagieren kannst, solltest du die Telefonnummer und Adresse deines Tierarztes im Handy gespeichert haben.

Welpenerziehung

Außerdem solltest du innerhalb des ersten oder zweiten Monats als Hundebesitzer einen Welpenkurs für deinen neuen Cockapoo finden. Alle Hunde sollten einen Trainingskurs absolvieren, aber das ist besonders wichtig für intelligente Rassen wie den Cockapoo. Es gibt viele Vorteile eines kontinuierlichen Trainings, die in späteren Kapiteln ausführlich behandelt werden.

Ein Welpenkurs ist eine gute Möglichkeit zu lernen, wie man einen neuen Hund erzieht, besonders wenn du nicht viel Erfahrung mit der Hundeerziehung hast. Jeder Hund ist anders, und wenn du in der Vergangenheit einen Hund trainiert hast, wirst du vielleicht feststellen, dass dein Cockapoo eine andere Persönlichkeit mit einem anderen Lernstil hat. Eine vom Trainer geleitete Stunde ist großartig, um Tipps und Tricks zu erhalten, wie du deinen Cockapoo-Welpen zu einem gehorsamen Erwachsenen erziehst.

Diese Kurse konzentrieren sich auf die Grundlagen des Gehorsams. Du wirst wahrscheinlich üben, deinen Hund an der Leine zu führen, ohne dass er zieht, und einfache Befehle wie „Sitz" und „Platz". Dein Welpe lernt noch, wie man mit einem Menschen zusammenlebt, daher braucht er viel Übung, um zu verstehen, dass er auf dich hören und deiner Führung folgen muss. Ein Welpenkurs bereitet ihn nicht unbedingt auf den Ausstellungsring vor, aber er gibt ihm eine gute Grundlage, auf der er sein Training aufbauen kann. Außerdem gibt er dem Besitzer die Möglichkeit, Rat von einem erfahrenen Trainer einzuholen. Es ist möglich, deinen Hund ohne formelle Kurse zu erziehen, aber sie sind unglaublich nützlich, wenn du mit einem neuen Hund arbeitest.

Es gibt unzählige verschiedene Trainer mit unterschiedlichen Methoden. Bei einer schnellen Suche findest du Trainer, die Unterricht bei sich zu Hause geben, Trainer, die in Zoohandlungen arbeiten, und einige, die Hunde in einem Hundeverein trainieren. Alle diese Optionen sind in Ordnung. Bei der Wahl eines Trainers solltest du nach jemandem suchen,

Foto Von
Natalie McGuigan

39

dessen Trainingsmethoden mit deinen Werten für deinen Welpen übereinstimmen. Wenn du dich zum Beispiel auf positive Techniken konzentrieren möchtest und einen Trainer findest, der streng ist und Strafen einsetzt, ist das wahrscheinlich keine gute Wahl. Wähle einen Trainer, der sachkundig ist und einen guten Ruf in der Gemeinschaft oder dem Verein hat, für den er arbeitet.

Zubehör

Bevor du deinen Hund nach Hause bringst, solltest du bereits das notwendige Zubehör zur Hand haben, damit du deinen Hund nicht allein zu Hause lassen musst, um einkaufen zu gehen. Es mag so aussehen, als würdest du auf einmal eine Menge Dinge kaufen, aber denk daran, dass einige dieser Utensilien für das gesamte Leben deines Hundes halten werden.

Zuerst brauchst du ein stabiles Halsband und eine Leine. Ein flaches, geschnalltes Halsband ist gut für den täglichen Gebrauch. Du solltest etwas wählen, das eng anliegt, aber für deinen Hund bequem zu tragen ist. An diesem Halsband solltest du an der vorderen Schlaufe ein personalisiertes Namensschild anbringen, falls dein Hund verloren geht und identifiziert werden muss. Bei Leinen reicht eine 1,20 oder 1,80 Meter lange Leine völlig aus. Ausziehleinen sind beliebt, aber sie machen es schwer, deinen Hund zu kontrollieren. Eine starke Nylonleine, die der Kraft deines Hundes standhalten kann, ist perfekt.

Als Nächstes brauchst du Näpfe, Futter und Leckerlis. Da Cockapoos Schlappohren haben, infizieren sie sich leicht, wenn sie nass werden. Ein erhöhter Wassernapf ermöglicht es ihnen, Wasser zu trinken, ohne dass es in ihre Ohren gelangt. In Zoohandlungen werden Futter- und Wassernapf-plattformen verkauft, die die Näpfe weit genug vom Boden abheben, um dieses Problem zu vermeiden. Oder du entscheidest dich vielleicht sogar, selbst eine zu bauen! Eine gute Welpenfutterformel ist wichtig, um deinem Cockapoo die Nährstoffe zu geben, die er braucht, um zu einem gesunden Erwachsenen heranzuwachsen. Spätere Kapitel werden Futter und Ernährung behandeln. Zudem solltest du immer Leckerlis zur Hand haben. Ein gutes Leckerli kann deinen Cockapoo von einem wilden Tier in einen perfekten Hundebegleiter verwandeln. Wenn du deinem Hund etwas beibringen möchtest, brauchst du einige leckere Belohnungen.

Spielzeug und Kauartikel sind ebenfalls wichtig für die Erziehung deines Hundes. Cockapoos sind äußerst verspielt und lieben es, Spaß zu haben. Eine Vielzahl an robustem Spielzeug kann ihr Interesse stundenlang aufrechterhalten und verhindert, dass sie aus Langeweile unartig werden. Du musst deinen Hund nicht verwöhnen, aber eine gute Auswahl an Spielzeug wird deinen besten Freund sehr glücklich machen. Wähle verschiedene Spielzeuge: etwas, das Spaß macht, wenn man es im Garten herumjagt (z. B. einen Ball oder eine Frisbee), etwas Interaktives wie ein Zerrspielzeug, etwas für den Verstand wie ein Futterpuzzle und ein Spielzeug, das den tierischen Instinkt anspricht, wie ein Quietschspielzeug. Diese Grundlagen werden deinen Hund davor bewahren, jeden Tag die gleichen alten Spiele zu spielen.

Es ist auch notwendig, dass dein Hund etwas zum Kauen hat. Andernfalls wird er an allem nagen, was du besitzt. Es ist nur natürlich für Hunde, besonders für Welpen, zu kauen. Es beruhigt sie und beschäftigt ihren Geist. Zahnende Welpen müssen kauen, weil es ihnen hilft, ihre neuen Zähne durch das Zahnfleisch zu arbeiten. Wähle ein größenangemessenes Kauspielzeug, das nicht in kleine Stücke zerbricht oder splittert, an denen man ersticken könnte. Zoohandlungen verkaufen verschiedene Arten von echten und synthetischen Knochen und tierischen Materialien, um deinen Hund zu beschäftigen.

Als Nächstes brauchst du Pflegeutensilien. Das Fell eines Cockapoos muss regelmäßig gebürstet werden, damit es nicht verfilzt. Da sie nicht viel Fell verlieren und ein einfaches Fell haben, sollte eine einfache Stiftbürste ausreichen, um das Fell deines Hundes knoten- und glänzend zu halten. Es könnte auch eine gute Idee sein, eine Flasche Hundeshampoo zur Hand zu haben, falls dein Welpe in etwas Schmutziges oder Stinkendes gerät. Wenn du planst, die Zehennägel deines Hundes zu schnei-

Foto Von
@cockapoograham on Instagram

den, wird ein guter Nagelknipser praktisch sein. Finde einen, der den Nagel schneidet, anstatt ihn zu zerquetschen. Einige Nagelknipser haben sogar einen Schutz, der verhindert, dass du zu viel vom Nagel abschneidest, falls dein Hund zappelig wird. Auch Zahnbürste und Zahnpasta sind wichtig für die Mundgesundheit deines Hundes. In Zoohandlungen findest du spezielle Bürsten für das Hundegebiss sowie Zahnpasta in hundefreundlichen Geschmacksrichtungen wie Geflügel oder Erdnussbutter. Schließlich brauchst du eine Transportbox, ein Bett oder beides für die Entspannung und Sicherheit deines Hundes. Ein weiches Hundebett ist ein guter Platz für deinen Hund zum Entspannen, während er mit der Familie zusammen ist. Finde eines, das die richtige Größe für deinen Cockapoo hat, und stelle sicher, dass es ausreichend gepolstert ist. Transportboxen sind ebenfalls ausgezeichnete Schlafplätze. Bei der Wahl der richtigen Größe solltest du eine Box wählen, die groß genug ist, damit sich dein Hund im Kreis drehen kann, aber nicht so groß, dass er umherwandern kann. Es sollte wie eine gemütliche Höhle sein, nicht wie ein kleiner Raum.

Wie viel wird das kosten?

All dieses Haustierzubehör kann sich sehr schnell summieren. Wenn du anfängst zu berechnen, wie viel dein Hund dich kosten wird, kann dir schwindelig werden. Aus diesem Grund ist es wichtig, ein Budget für dein neues Haustier zu erstellen. Abgesehen von medizinischen Komplikationen wird das erste Lebensjahr wahrscheinlich das teuerste für dich sein. Du musst alle neuen Utensilien kaufen und häufig zum Tierarzt für Untersuchungen und Impfungen gehen. Sobald du die Vorlieben deines Cockapoos kennst, kannst du Futter und Leckerlis in größeren Mengen kaufen und wirst keine Zeit mehr damit verschwenden, Spielzeug und Kauartikel zu kaufen, mit denen dein Hund nicht spielt.

Die Preise für Zubehör und Dienstleistungen variieren von Ort zu Ort. Außerdem macht es einen großen Unterschied im Budget, ob du ein superteures Hundefutter im Vergleich zu einem günstigen kaufst. Diese Schätzung, wie viel dein Cockapoo im ersten Lebensjahr kosten wird, sollte als allgemeiner Leitfaden dienen, um dir eine Vorstellung davon zu geben, wie viel du möglicherweise ausgeben musst. Natürlich machen Standort und Entscheidungen einen großen Unterschied bei den Kosten, aber hoffentlich beginnst du zu verstehen, wie du ein Budget für deinen Welpen erstellen kannst.

Zunächst einmal wirst du für einen Cockapoo von einem guten Züchter wahrscheinlich zwischen 1.000 und 1.500 Euro ausgeben. Wenn du dich für eine Adoption entscheidest, liegen die Kosten bei etwa 100 bis 200 Euro, was oft Kastration/Sterilisation, Impfungen und Mikrochipping einschließt. Wenn du deinen Hund kaufst, kostet eine Kastration/Sterilisation im Durchschnitt etwa 75 Euro.

Die jährlichen Tierarztkosten liegen bei etwa 200 bis 500 Euro pro Jahr für grundlegende Leistungen. Nicht alle Impfungen sind jährlich erforderlich, daher werden einige Besuche teurer sein als andere. Du solltest auch mindestens 100 Euro für Herzwurm-Medikamente und Floh- und Zeckenschutzmittel einplanen.

Als Nächstes musst du im Laufe eines Jahres viele Säcke Hundefutter kaufen. Der durchschnittliche Hund frisst etwa 400 Euro Hundefutter pro Jahr. Je nachdem, welche Größe von Cockapoo du bekommst, kommst du vielleicht mit weniger als dem Durchschnitt aus. Du wirst auch viele Leckerlis für Trainingszwecke benötigen, die dich etwa 100 Euro pro Jahr kosten werden.

Dann haben wir all die Utensilien, die du sofort kaufen wirst. Leinen, Pflegeausrüstung und Näpfe summieren sich. Du wirst auch einige lustige Spielzeuge und Kauartikel für deinen Hund brauchen. Insgesamt wirst du etwa 200 Euro ausgeben, wenn du deinen Hund nach Hause bringst.

Es ist schwer zu schätzen, wie viel dein Hund dich kosten wird, aber du könntest im ersten Jahr etwa 1.000 Euro ausgeben, den Hund nicht eingerechnet. Im Laufe eines Hundelebens gibt der durchschnittliche Mensch etwa 10.000 Euro für seinen Welpen aus. Es mag anfangs nach viel Geld aussehen, doch sobald sich dein Hund in seinem neuen Zuhause eingelebt hat, wirst du merken: Sein Glück ist jede Investition wert. All diese Vorbereitungen mögen zunächst überwältigend wirken, doch du wirst dich damit deutlich sicherer fühlen, als wenn du ganz ohne Planung starten würdest. Am Ende brauchen Hunde gar nicht so viele Dinge – vor allem das Wesentliche, viel Liebe und deine Aufmerksamkeit. In kürzester Zeit wirst du deinen kleinen Cockapoo mit den besten Spielzeugen und den leckersten Leckerbissen verwöhnen. Schließlich ist dein Cockapoo jetzt ein Mitglied deiner Familie, und du würdest alles tun, um ihn wie deinen eigenen zu behandeln.

Foto Von Glenda Stickler

KAPITEL 5
Welpenelternschaft

„Zwei einfache Dinge sind nötig, um einen neuen Welpen/Hund zu bekommen: Liebe und Geduld. Wenn du beides aufbringen kannst, wirst du großartig sein und alles wird sich fügen!"

Daxon Weaver
Weaver Family Farms

Sobald sich dein Cockapoo-Welpe in seinem neuen Zuhause eingelebt hat, geht die Arbeit los. Welpen brauchen ein wenig Disziplin, damit sie zu großartigen erwachsenen Hunden heranwachsen – und nicht zu kleinen Chaoten. Dein Ziel sollte es sein, konsequent und zugleich sanft zu bleiben, während du deinem Hund zeigst, wie die Abläufe in deinem Zuhause funktionieren. Am Ende wird dein Cockapoo-

Foto Von
Carolyn Long

Welpe genau wissen, was du von ihm erwartest, und sich noch mehr als Familienmitglied fühlen.

Bei deinen Erwartungen bleiben

Am Anfang ist es so einfach, eine Liste mit Erwartungen an deinen Welpen zu erstellen, nur um dann nachzugeben, wenn du merkst, wie viel Arbeit es ist, deinen Hund zu erziehen. Widerstehe diesem Drang, beim Anblick des süßen Gesichts deines Welpen nachgiebig zu werden. Du musst kein Drill-Sergeant für deinen Cockapoo sein, aber es ist vorteilhaft, klare Regeln ohne Ausnahmen zu haben.

Du könntest zum Beispiel die Entscheidung treffen, dass dein Hund nicht auf deinem Bett schlafen darf. Es ist verständlich, dass du einen Ort in deinem Zuhause haben möchtest, der sauber und hundefrei bleibt. Wenn dein Welpe also versucht, aufs Bett zu springen, scheuchst du ihn runter und bringst ihm bei, nicht hochzuspringen. Aber dann entscheidest du vielleicht, dass dein Welpe doch aufs Bett springen darf, damit du niedliche Fotos auf deiner schönen Tagesdecke machen kannst. Diese Änderung der Regeln verwirrt deinen Hund und lässt ihn denken, dass es vielleicht doch in Ordnung ist, aufs Bett zu springen. Dann ist er völlig verwirrt, wenn du ihn später wieder herunterscheuchst und sauer wirst, wenn er schmutzige Pfotenabdrücke auf deiner Bettwäsche hinterlässt.

Hunde verstehen Bedingungen nicht wie Menschen. Sie können feste Regeln verstehen (Bett ist verboten), aber sie verstehen keine Ausnahmen von den Regeln (Bett ist okay, aber nur, wenn der Besitzer Fotos machen möchte). Deshalb solltest du dich an die Regeln halten, die du für deinen Hund aufstellst. Hunde kommen mit Routine und Konsequenz gut zurecht.

Boxentraining

Das Boxentraining ist eine oft missverstandene Praxis, die sowohl für dich als auch für deinen Hund wirklich vorteilhaft sein kann. Betrachte es nicht als Einsperren deines Hundes in ein Welpengefängnis; Boxen sollten dazu dienen, deinen Hund bequem und sicher zu halten. Bei richtiger Anwendung ist eine Box oder ein Kennel ein gemütlicher Ort zum Zusammenrollen und Entspannen. Sie kann gleichzeitig als Hundebett dienen, mit stabilen Wänden, die deinem Hund ein Gefühl der Geborgenheit vermitteln. Sie ist dafür gedacht, dass dein Hund dort die Nacht durchschläft und sich ansonsten für ein paar Stunden aufhalten kann.

Wo Besitzer Fehler machen, ist, wenn sie die Box zu viel nutzen. Manche verwenden sie anstelle menschlicher Aufsicht und sperren ihren Hund den ganzen Tag ein, während sie bei der Arbeit sind, oder wenn der Hund sich daneben benimmt. Das ist keine ideale Nutzung, weil es deinem Hund beibringt, dass die Box ein schlechter Ort ist, und es könnte bei einem Cockapoo Angstzustände hervorrufen. Wenn dein Hund es hasst, in seine Box zu gehen, hat sie ihren Nutzen als sicherer Ort für deinen Hund verloren, an den er gehen kann, wenn er gestresst ist.

Es ist normal, dass ein Welpe der Box zunächst etwas misstrauisch gegenübersteht, daher ist es deine Aufgabe, ihn daran zu gewöhnen, sich darin aufzuhalten. Dränge ihn niemals hinein; gib ihm stattdessen Raum, um selbst zu erkunden. Lege eine bequeme Decke hinein und wirf einen leckeren Snack hinein, den dein Hund in seinem eigenen Tempo holen kann. Mache das ein paar Mal, bis er bereit ist, hineinzugehen. Als Nächstes übe längere Aufenthalte in der Box, indem du Futter- und Wassernäpfe hineinstellst. Dein Welpe wird die Fütterungszeit (gut) mit dem Aufenthalt in der Box verbinden. Wenn sich dein Welpe daran gewöhnt hat, in seiner Box zu sein, versuche, die vordere Tür zu schließen und verlängere die Zeit, die du ihn darin lässt. Dein Ziel ist es, eine ganze Nacht ohne Probleme zu überstehen.

Kauen

Besonders bei Welpen ist Kauen eine notwendige Aktivität für Hunde. Es hält sie ruhig und beschäftigt und reinigt gleichzeitig ihre Zähne. Welpen werden kauen, egal ob du es willst oder nicht. Daher ist es am besten, sie vom Kauen an allem, was sie herumliegen finden, zu einem geeigneteren Kauartikel umzuleiten.

Unvermeidlich wirst du deinen Cockapoo dabei erwischen, wie er an etwas kaut, an dem er nicht kauen sollte. Wenn er das tut, errege seine Aufmerksamkeit. Du könntest laut klatschen oder „hey" oder „nein" mit lauter und fester Stimme sagen. Wenn er abgelenkt ist, gib ihm ein Kausspielzeug und lass ihn mit dem angemessenen Kauen fortfahren.

Diese Art des Trainings erfordert, dass du deinen Welpen ständig beaufsichtigst. Beobachte deinen Hund genau, damit du Fehler im Moment korrigieren kannst – entdeckst du die Zahnspuren erst später an einem deiner Gegenstände, ist der lehrreiche Moment bereits verpasst. Wenn du deinen Hund beim Kauen auf etwas Ungeeignetem erwischst, errege seine Aufmerksamkeit und zeige ihm einen geeigneten Gegenstand, auf dem er kauen darf. Und wenn alles andere fehlschlägt, verkaufen Zoohandlungen Sprays, die auf Möbel aufgetragen werden können und für

Foto Von
Darian Mills

Hunde furchtbar schmecken sollen. Diese Art von Abschreckung kann dir helfen, wenn du deinen Hund für einen Moment aus den Augen lässt.

Bei der Auswahl eines Hundekauartikels achte darauf, dass er für die Größe deines Hundes geeignet ist. Wenn er zu groß ist, wird ein kleiner Cockapoo kein Interesse daran haben, daran zu nagen. Wenn das Spielzeug zu klein ist, kann es zu einer Erstickungsgefahr für deinen Hund werden. Wähle ein Spielzeug, das nicht leicht in kleine Stücke zerbricht. Du könntest sogar überlegen, verschiedene Kauartikel zu kaufen, um deinen Hund daran interessiert zu halten, an Knochen zu kauen und nicht an deinen Besitztümern.

Abgesehen von dem Kauen wirst du feststellen, dass dein Welpe irgendwann versuchen wird, dich zu beißen. Sie tun dies nicht, weil sie dir wehtun wollen, sondern weil sie so mit ihren Welpengeschwistern spielen. Mit der Zeit lernen sie, wie fest sie einen anderen Hund mit dem Maul berühren können, bevor es schmerzhaft wird, aber als Welpe wissen sie nicht, dass ihre Zähne wehtun können.

Um dieses Problem zu korrigieren, verhalte dich wie ein Welpengeschwister. Wenn ein Welpe seinen Bruder zu hart beißt, wird dieser mit einem Jaulen reagieren, das signalisiert, dass der Welpe Schmerzen verursacht hat. Wenn dein Hund dich beißt, stoße ein hohes Jaulen oder „Autsch" aus. Sie werden davon überrascht sein und aufhören, dich zu beißen, wenn auch nur für einen Moment. Setze dies jedes Mal fort, wenn ihre scharfen Welpenzähne an dir knabbern, und sie werden schließlich verstehen, dass ihre Zähne anderen wehtun können.

Bellen

Lautäußerungen sind die Art eines Hundes, mit anderen zu kommunizieren. Dein Hund bellt vielleicht, um dich zu warnen, dass jemand an der Tür ist, weil er einen Fremden spürt und dich beschützen möchte. Es kann jedoch sehr nervig werden, wenn dein Hund ständig scheinbar grundlos kläfft. Wenn du in einer Wohnung lebst, ist es wichtig, deinem Hund beizubringen, wie er ruhig sein kann, damit du den Rest deines Gebäudes nicht verrückt machst. Den natürlichen Instinkt deines Hundes, auf Reize zu bellen, zu überwinden, ist jedoch leichter gesagt als getan.

Eine Möglichkeit, mit Bellen umzugehen, ist einfach, alle Bellauslöser zu beseitigen. Wenn dein Hund bellt, wenn deine Jalousien vorne offen sind, schließe sie einfach und schau, ob das hilft. Dein Hund versucht vielleicht, dir mitzuteilen, dass er dort draußen etwas sieht, das du wissen solltest (obwohl er nicht weiß, dass du dich nicht für streunende

Katzen in der Nachbarschaft interessierst). Eine Türklingel ist ein weiterer großer Auslöser für Hunde, weil etwas Aufregendes passiert, wenn sie sie hören. Wenn dein Hund ein Türklingel-Beller ist, bringe ihm bei, sich auf sein Bett oder in seinen Zwinger zu legen, wenn er das Geräusch hört. Das könnte ihn zu beschäftigt halten, um zu bellen.

Einige Trainer schlagen sogar vor, dass der beste Weg, deinem Hund das Nicht-Bellen beizubringen, darin besteht, ihm beizubringen, auf Kommando zu bellen. Auf diese Weise lernen sie, dass sie zum Bellen aufgefordert werden müssen, und sie werden das „Nicht-Bell"-Kommando leichter verstehen. Diese Kommandos können jedoch schwer einem Welpen beizubringen sein.

Eine andere Möglichkeit ist, die Aufmerksamkeit deines Hundes zu erregen, wenn er bellt, und ihn zum Schweigen zu überraschen. Wenn dein Hund zum Beispiel anfängt zu bellen, klatsche laut oder schüttle eine Flasche mit Kieselsteinen. Das Geräusch wird so überraschend sein, dass er für einen Moment aufhört zu bellen, um herauszufinden, was los ist. Wenn er ruhig ist, lobe ihn und gib ihm ein Leckerli. Das wird ihm zeigen, dass du es magst, wenn er ruhig ist.

Trennungsangst

Trennungsangst ist eine sehr reale Möglichkeit bei einem Cockapoo. Sie sind sehr familienorientierte, gesellige, sensible Wesen, daher mögen sie es nicht, lange von ihren Menschen getrennt zu sein. Getrennt von dir können sie so aufgebracht sein, dass sie die Kontrolle verlieren. Während Angst bei Hunden die Form von Weinen und Winseln annehmen kann, kann sie deinen Welpen in einen Tornado der Zerstörung verwandeln, der Möbel zerreißt und auf den Boden macht.

Es gibt einige Dinge, die du für deinen Cockapoo tun kannst, um seine Trennungsangst zu minimieren. Eines der wichtigsten Dinge ist, auf die Art und Weise zu achten, wie du dein Zuhause verlässt und betrittst. Wenn du dich jedes Mal von deinem Hund verabschiedest, wenn du gehst, und eine große Sache daraus machst, wird der Hund aufgeregt, bevor du ihn für mehrere Stunden allein lässt. Oder wenn du von deinem Arbeitstag zurückkehrst und aufgeregt bist und mit hoher Stimme sprichst, zeigt das deinem Hund, dass es eine große Sache ist, dass du zurückkehrst. Mit der Zeit macht sie das nervös, wenn du gehst, weil sie wissen, dass es ernst ist, wenn du nicht zu Hause bist. Es macht wirklich Spaß zu sehen, wie dein Hund aufgeregt ist, wenn du nach Hause kommst, aber das Beste, was du tun kannst, ist so zu tun, als würde nichts Aufregendes passieren. Geh morgens, ohne deinen Hund zum

Abschied zu umarmen, und kehre nachmittags ruhig zurück. Wenn du so tust, als wäre dein Gehen und Zurückkehren nichts Besonderes, wird dein Hund verstehen, dass dies normal ist und es nichts gibt, worüber man sich Sorgen machen müsste.

Eine andere Sache, die du tun kannst, ist, Zeit getrennt von deinem Hund zu verbringen und eine Toleranz für allein verbrachte Zeit aufzubauen. Wenn du zum Beispiel deinen Hund normalerweise mit zum Supermarkt nimmst, lass ihn zu Hause, während du für eine Weile weg bist. Wenn du ohne Zwischenfall zurückkehrst, werden sie anfangen zu verstehen, dass es nichts gibt, worüber sie sich Sorgen machen müssten, wenn du weg bist. Verlängere mit der Zeit deine Abwesenheit, bis sie einen ganzen Arbeitstag ohne Zerstörung aushalten können.

Schlafenszeit

Die Nacht kann für deinen neuen Cockapoo-Welpen eine schwierige Zeit sein. Sie sind es gewohnt, den ganzen Tag im Mittelpunkt der Aufmerksamkeit zu stehen, und dann bittest du sie, acht Stunden lang ruhig zu sein, damit du etwas Schlaf bekommen kannst. Das kann für einen Welpen, der bisher sein ganzes Leben lang seinen eigenen Zeitplan hatte, ein wenig seltsam und verwirrend sein.

Du könntest entscheiden, dass es am besten ist, wenn dein Hund irgendwo in deiner Nähe schläft, damit er weiß, dass du ihn nicht verlassen hast. Das ermöglicht dir auch zu hören, wenn sie mitten in der Nacht auf die Toilette müssen. Diese Regelung ist jedoch möglicherweise keine dauerhafte Option, da Hunde dazu neigen, Dinge wie sich selbst zu lecken und mitten in der Nacht zu kratzen, was einen leichten Schläfer stören kann. Wenn dein Welpe älter wird, vergrößere den Abstand zwischen dir und deinem Hund in der Nacht.

Manchmal will dein Welpe sich nicht beruhigen, wenn du bereit für das Bett bist, oder er wacht auf und will kurz nach dem Schlafengehen spielen. Um dieses Problem zu mildern, stelle sicher, dass dein Hund vor dem Schlafengehen viel Bewegung bekommt. Geh vielleicht abends in den Park oder mach einen Spaziergang, um viel Energie zu verbrennen, und kuschle dann mit deinem Hund direkt vor dem Schlafengehen, um ihn zu beruhigen. Auf diese Weise sind sie nicht voller aufgestauter Energie, aber sie sind auch nicht mehr aufgeregt von der Spielzeit.

Es ist auch wichtig sicherzustellen, dass dein Welpe unmittelbar vor dem Schlafengehen aufs Klo geht. Ihre winzigen Blasen können nur so viel halten, also um die Zeit zwischen den Toilettenpausen zu verlängern,

musst du sie dazu bringen, vor dem Schlafengehen zu gehen. Das Benutzen des Badezimmers vor dem Schlafengehen wird ihnen helfen, in eine
Routine zu kommen. Sie werden verstehen, dass das Ausgehen in der
Nacht für ihre Toilettenpause ist, und dann werden sie sich beruhigen
und einschlafen, sobald sie drinnen sind.

Foto Von
Mel Shaw

Allein zu Hause

Einem wohlerzogenen erwachsenen Cockapoo kann man vertrauen, dass er für ein paar Stunden allein zu Hause bleibt, aber Welpen sind eine andere Geschichte. Welpen geraten gerne in Unfug und machen ihr Geschäft, wo es ihnen gefällt. Wenn du deinen Welpen allein zu Hause lassen musst, hier sind ein paar Tipps und Ideen, um potenzielle Katastrophen zu minimieren.

Stelle sicher, dass dein Cockapoo im Laufe des Tages so viel Bewegung wie möglich bekommt. Wenn du außer Haus arbeitest, nimm deinen Hund morgens mit auf einen kurzen Spaziergang, um ihn aufzuwecken und in Bewegung zu bringen. Wenn du für den Tag gehst, lass lustige Puzzle-Spielzeuge für deinen Hund draußen. Das wird sie eine Weile beschäftigen, damit sie sich nicht langweilen. Kauspielzeuge sind auch großartig, um deinen Hund zu unterhalten, und sie erfordern nicht deine Aufsicht. Wenn du zum Mittagessen nach Hause kommst oder ein Hundesitter deinen Hund rauslässt, nutze diese Zeit, um einen Ball zu werfen und deinen Hund wieder in Bewegung zu bringen. Wenn dein Hund müde ist, werden sie weniger wahrscheinlich ängstlich werden und könnten sogar ein Nickerchen machen, während du weg bist.

Wenn du Probleme damit hast, dass dein Welpe im Haus sein Geschäft verrichtet, während du weg bist, gibt das Einstellen eines Gassigehers deinem Hund die Möglichkeit, mittags nach draußen zu gehen, um das Badezimmer zu benutzen. Das bedeutet, dass du weniger Unfälle zu reinigen hast, wenn du nach Hause kommst, und dein Hund wird sich nicht so viele Sorgen machen, den ganzen Tag allein zu sein.

Ein neuer Welpe erfordert viel Arbeit. Es ist leicht, über ihr Verhalten frustriert zu sein, aber sie lernen noch, sich an deinen Haushalt und deine Regeln anzupassen. Es braucht ein wenig Zeit, bis sie lernen, wie man ein Hund und ein Haustier ist. Sei geduldig und halte an deinem Training fest. Am Ende wird sich all deine harte Arbeit bei der Welpenaufzucht auszahlen, wenn du einen großartigen erwachsenen Cockapoo hast. Vergiss auch nicht, deine Zeit als Welpenelternteil zu genießen. Bevor du dich versiehst, ist dein kleiner Welpe schon ein ausgewachsener Hund!

Foto Von
Lorraine Owen

KAPITEL 6
Stubenreinheit

„Achte bei der Stubenreinheit deines Cockapoo-Welpen auf seine bevorzugten Plätze zum Lösen. Platziere strategisch Welpenunterlagen oder Trainingsmatten an diesen Lieblingsorten. Denk außerdem daran, dass ein Welpe fast sofort nach dem Aufwachen aus einem Nickerchen urinieren wird. Sei also bereit, den Welpen sofort hochzunehmen und nach draußen zu bringen."

Alisa Foerderer

Foerderer Horses and Cock-a-poos

Wenn du deinen neuen Welpen nach Hause bringst, ist die Stubenreinheit wahrscheinlich deine oberste Priorität. Das Erlernen von „Sitz" und „Bleib" kann warten, denn kleine Pfützen von Welpenurin auf dem Teppich sind alles andere als ideal. Man sagt, dass ein Welpe sein Geschäft nur so viele Stunden einhalten kann, wie er Monate alt ist. Wenn dein Welpe also zwei Monate alt ist, kann er es vernünftigerweise zwei Stunden lang einhalten. Das bedeutet für dich einen sehr engen Zeitplan, um deinen Hund nach draußen zu lassen, um zu sehen, ob er muss. Manchmal laufen sie auf dem Gras herum und tun nichts, aber sobald du sie wieder reinbringst, erledigen sie ihr Geschäft auf deinem Küchenboden. Die Stubenreinheit ist ein nerviger und chaotischer Pro-

Foto Von
Julie Blakeway

zess, aber wenn du jeden Moment als Lernchance nutzt, wirst du diese Phase im Nu hinter dir haben.

Verschiedene Möglichkeiten für das Toilettentraining

Foto Von
Sarah Vaughan

Was die Orte betrifft, an denen du deinen Hund sein Geschäft verrichten lässt, ist draußen am besten. Das Aufräumen ist einfach und hinterlässt keinen Geruch, mit dem du dich auseinandersetzen musst. Aber es ist nicht immer möglich, deinen Hund jedes Mal nach draußen zu bringen. Es gibt einige Optionen, wenn es um die Stubenreinheit geht.

Cockapoos sind einzigartig, weil sie in einer großen Bandbreite von Größen vorkommen. Wenn du einen Mini- oder Toy-Cockapoo hast, werden ihre Hinterlassenschaften viel kleiner sein als die eines Standard-Cockapoos. Das macht die kleineren Varianten perfekt für Wohnungsbewohner. Aber wenn du in einer Wohnung lebst, ist es nicht so einfach, jedes Mal das perfekte Stück Gras zu finden, wenn dein Welpe muss. Hier kommen Welpenunterlagen und Grasmatte ins Spiel.

Es gibt Produkte, die speziell dafür entwickelt wurden, kleinen Hunden zu helfen, ihr Geschäft drinnen zu erledigen, ohne dass für dich ein Chaos entsteht. Welpenunterlagen sind saugfähige Matten, die du auf deinen Boden legen kannst. Sie enthalten spezielle Enzyme und Gerüche, die deinen Hund dazu bringen, darauf sein Geschäft zu verrichten. Wenn dein Hund sein Geschäft erledigen muss, geht er auf die Unterlage und nicht auf die Couch. Danach wirfst du die Unterlage einfach weg – wie eine Hundewindel. Selbst wenn du nicht vorhast, deinen Hund drinnen stubenrein zu machen, ist es vielleicht gut, ein paar davon zur Hand zu haben, besonders nachts.

Es gibt auch Produkte, die eine Mischung aus Katzentoilette und Freiluft sind. Diese Konstruktionen bestehen aus einem kleinen Rahmen mit Kunstgras (oder echtem Gras) darin. Du bringst deinem Hund bei, die Matte zu benutzen, genau wie du ihm beibringen würdest, draußen sein Geschäft zu verrichten. Mit genügend Übung wird er all seine wichtigen Geschäfte an seinem vorgesehenen Platz erledigen. Du musst immer noch aufräumen, wenn du nach Hause kommst, aber zumindest ist alles an einem Ort. Diese Methode ist nützlich für Besitzer kleiner Hunde, die sie nicht jederzeit nach draußen bringen können.

Es gibt einige Nachteile, wenn man seinem Hund beibringt, die Toilette drinnen zu benutzen. Es kann zwar sehr praktisch sein, aber es ist nicht ideal, Tierexkremente in deinem Zuhause zu haben. Wenn du wenig Platz hast, wird der Geruch irgendwann die Luft erfüllen, egal wie viel du putzt. Außerdem kann es zwar schön sein, eine Option für drinnen zu haben, um Unfälle zu vermeiden, aber es könnte schwieriger sein, deinem Hund beizubringen, es einzuhalten, bis du nach draußen gehst, wenn er etwas älter ist und mehr Kontrolle hat. Die Umstellung auf das Nur-draußen-Geschäft könnte eine größere Herausforderung sein, als du zunächst erwartet hast.

Die ersten Wochen

„Ich sage den Leuten immer, dass sie sofort mit dem Toilettentraining beginnen sollen. Cockapoos sind unglaublich schlau, daher gilt: Je mehr Zeit du mit dem Training verbringst, desto besser. Positive Verstärkung und Wiederholung sind der Schlüssel, um deinen Welpen rechtzeitig zu trainieren.“

Jamie
Cute Cockapoos

Wenn du deinen Welpen von einem Züchter kaufst, wirst du deinen Cockapoo wahrscheinlich bekommen, wenn er etwa zwei Monate alt ist. Das heißt, dein Welpe möchte ständig fressen und trinken, um seinen wachsenden Körper zu versorgen. Dabei produziert er auch viel Abfall und hat nur wenig Kontrolle über seinen Körper. Leider bedeutet das für den Besitzer, dass du viel von diesen ersten Wochen entweder draußen oder mit dem Aufräumen von Missgeschicken verbringen wirst. Keine Sorge – mit richtigem Training wird diese Phase viel einfacher. Bis dahin bleib wachsam und behalte deinen Welpen im Auge.

Wenn dein Welpe alle zwei Stunden auf die Toilette muss, heißt das nicht, dass du einen Timer für alle zwei Stunden stellen kannst, um deine Gänge zu planen. Dein Welpe läuft nicht nach einem genauen Zeitplan, und Unfälle werden passieren, wenn er keine Gelegenheit zum Gehen hat. Plane stattdessen, wenn möglich, jede Stunde nach draußen zu gehen. Führe ihn zu seinem vorgesehenen Platz in deinem Garten und lass ihn schnüffeln. Wenn er nicht muss, geh direkt wieder rein und versuch es später noch einmal.

Du hast vielleicht das Gefühl, dass du viel zu oft nach draußen gehst, aber du wirst feststellen, dass du weniger Unfälle hast, wenn du die Möglichkeiten für deinen Hund, sein Geschäft zu erledigen, maximierst.

Positives Verhalten belohnen

Cockapoos sind sensible Hunde, die gut auf positive Verstärkung reagieren. Das Toilettentraining ist einer dieser stressigen Momente, die deine Geduld auf die Probe stellen werden. Es ist jedoch sehr wichtig, ruhig zu bleiben. Ausbrüche von Wut verunsichern deinen Welpen und bremsen seine Trainingserfolge. Es ist ein weit verbreiteter Irrglaube, dass du deinen Hund davon abhalten kannst, Unfälle zu haben, indem du seine Nase hineinreibst. Das ist eine schädliche Praxis, die die Dinge nur für dich und deinen Hund erschwert. Hunde erinnern sich nicht auf die gleiche Weise wie Menschen. Wenn dein Hund einen Unfall hat und du ihn erst später entdeckst, hilft es ihm nicht, sich daran zu erinnern, dass das, was er getan hat, verboten war, wenn du seine Nase hineinreibst und wütend wirst. Stattdessen werden sie ihre Körperfunktion mit deinem Ärger in Verbindung bringen. Das führt zu mehr Unfällen an versteckten Orten, weil sie denken, dass du wütend wirst, wenn sie überhaupt ihr Geschäft verrichten.

Das bedeutet, dass du ihnen nur in Momenten etwas beibringen kannst, in denen du anwesend bist. Wenn du nach der Arbeit nach Hause kommst und ein Chaos vorfindest, kannst du nur aufräumen und versuchen, beim nächsten Mal dabei zu sein, wenn dein Hund muss. Wenn du deinen Hund dabei erwischst, wie er in deinem Haus sein Geschäft verrichtet, mach ihn darauf aufmerksam. Klatsche in die Hände, um die Aufmerksamkeit deines Hundes zu bekommen, und bemühe dich, ihn nach draußen zu bringen, bevor er sein Geschäft erledigt. Mit der Zeit wirst du die Anzeichen deines Hundes erkennen, dass er muss. Jedes Mal, wenn du ihn rechtzeitig an seinen speziellen Platz draußen bringst, bevor er einen Unfall hat, ist ein Erfolg und ein Lehrmoment. Ihn für etwas zu bestrafen, das er getan hat, während du nicht da warst, führt nur zu mehr unerwünschtem Verhalten.

Da dieser Hund auf Positivität reagiert, solltest du deinem Hund das Gefühl geben, der beste Hund der Welt zu sein, wenn er draußen sein Geschäft verrichtet. Jedes Mal, wenn er draußen sein Geschäft erledigt, schenke ihm so viel Lob und Zuneigung wie möglich. Halte leckere Leckerlis bereit, um sie ihm zu geben, wenn sein Geschäft erledigt ist. Das verstärkt die Idee, dass sie draußen auf die Toilette gehen sollen, so sehr, dass der Gedanke, drinnen zu gehen und keine Leckerlis oder Lob zu bekommen, unattraktiv ist. Wenn dein Hund spielfreudig ist, wirf ein paar Minuten lang einen Ball nach einem erfolgreichen Ausflug nach draußen. Was auch immer du machst, lass ihn spüren, dass du begeistert bist, wenn er es nach draußen schafft.

Wenn ein Unfall passiert, achte darauf, das Chaos gründlich zu beseitigen. Der Geruch von Hundeurin bleibt lange bestehen. Deshalb wirst du bemerken, dass dein Hund fast jedes Mal an die gleiche Stelle im Garten geht. Dieser Geruch signalisiert ihnen, immer wieder zu ihrer kleinen Toilette zurückzukehren. Wenn du also den Geruch nicht aus deinem Haus entfernst, werden sie diesen Ort als ihre Innentoilette kennenlernen. Schrubben allein reicht nicht aus, also denk daran, einen speziellen Reiniger für Tiermist zu verwenden, der die Enzyme entfernt, die ihr Revier markieren. Andernfalls wirst du immer wieder die gleiche Stelle reinigen müssen.

Foto Von
Liam Thompson

Boxentraining für die Stubenreinheit (und andere Tricks)

Eine Box ist ein wunderbares Hilfsmittel, das aus vielen Gründen eingesetzt werden kann. Wenn du deinen Welpen trainierst, in seiner Box zu schlafen, kann dies dazu beitragen, Unfälle in der Nacht zu reduzieren.

Auch wenn du es vielleicht nicht glaubst, wenn dein Hund durch dein Haus tobt, sind Hunde ordentliche Geschöpfe, wenn es um ihren eigenen persönlichen Raum geht. Im Allgemeinen mögen Hunde es nicht, in ihrem Bau auf die Toilette zu gehen. Solange die Box nicht zu groß für deinen Hund ist, werden sie dort nicht ihr Geschäft verrichten wollen, es sei denn, es ist ein Notfall. Sie werden eher warten, bis du sie rauslässt, um auf die Toilette zu gehen, als in ihrem Zwinger zu machen, wenn sie es vermeiden können. Das macht die Box zu einem großartigen Ort, um sie während der Nacht zu halten. Und wenn sie doch einen Unfall haben, weißt du genau, wo du sauber machen musst, weil alles in einem kleinen Raum enthalten sein wird.

Wenn du kein Boxentraining machen möchtest, solltest du trotzdem den Platz begrenzen, den sie haben, wenn du sie nicht beaufsichtigen kannst. Ein Laufstall eignet sich gut für diese Art von Situationen. Wenn der Raum eng genug ist, werden sie weniger dazu neigen, ihren Schlafplatz zu verschmutzen. Wenn du zu Hause bist, gib deinem Hund viel Platz zum Herumstreifen und Erkunden. Aber wenn du für eine Weile weg musst, setze deinen Welpen in den Laufstall, um seine Unordnung unter Kontrolle zu halten.

Einige Besitzer installieren auch Hundeklappen in der Hoffnung, dass ihre Welpen nach draußen gehen und sich um ihre eigenen Angelegenheiten kümmern können, während ihr Mensch weg ist. Dies kann ein sehr hilfreiches Werkzeug für Menschen mit einem eingezäunten Hinterhof und einem verantwortungsvollen Welpen sein. Wenn dein Hund jedoch etwas mehr Aufsicht benötigt, überlege dir, ob du möchtest, dass dein Hund nach eigenem Ermessen ein- und ausgehen kann. Welpen sind abenteuerlustige Geschöpfe, und du könntest deine Meinung über die Hundeklappe ändern, sobald sie ihr erstes Jungtier jagen und es dir als Geschenk hinterlassen!

Besonders in den ersten Monaten wünschst du dir vielleicht, du hättest einen erwachsenen Hund gekauft. Keine Sorge, das Anstrengendste beim Welpentraining liegt bald hinter dir. Dann wirst du zurückblicken und die Tage vermissen, an denen dein Welpe so klein war! Versuche in dieser Zeit, so viel Zeit wie möglich mit der Beaufsichtigung deines Hundes zu verbringen, damit du so viele Lehrmomente wie möglich schaffen kannst. Wenn dein Hund Unfälle hat (und die wird er haben), bleib ruhig und räume auf. Wenn dein Hund erfolgreich draußen auf die Toilette geht, lass deinen Hund wissen, wie sehr sie geliebt wird. Mit viel Wiederholung wird dein Cockapoo schließlich den Dreh mit der Stubenreinheit rausbekommen, und du wirst dir nie wieder Sorgen um einen Unfall machen müssen.

KAPITEL 7
Sozialisierung

Die Sozialisierung ist ein so wichtiger Teil bei der Erziehung eines ausgeglichenen Hundes, wird aber oft vergessen. Mit so vielen Büchern und Kursen, die über formellen Gehorsamkeitstraining sprechen, vergessen Besitzer, dass zu einem guten Hund mehr gehört als nur auf Kommando zu sitzen.

Bei deinem Hund bedeutet Sozialisierung die Fähigkeit, mit anderen gut auszukommen. Das schließt andere Menschen und Hunde ein. Dieser Prozess funktioniert am besten, wenn dein Welpe etwa 4-7 Monate alt ist, aber du kannst auch in jedem Alter an den Sozialisierungsfähigkeiten arbeiten. Cockapoos sind normalerweise anderen gegenüber freundlich, aber dein Hund wird trotzdem viel Übung im Umgang mit anderen brauchen.

Foto Von
Carolyn Young

Die Bedeutung der Sozialisierung

Wenn du in der Öffentlichkeit unterwegs bist, möchtest du, dass dein Hund ruhig bleibt und mit anderen Menschen und Hunden gut auskommt. Du willst nicht, dass dein Hund ängstlich oder aggressiv wird, wenn ein Fremder deinen Cockapoo streicheln möchte. Ein Ausflug zum Hundeplatz kann zum Albtraum werden, wenn dein Hund nicht mit anderen auskommt. Wenn dein Hund nicht sozialisiert ist, wirst du feststellen, dass du ihn nicht in die Öffentlichkeit mitnehmen kannst, weil er nicht gut reagieren wird. Du wirst dir Sorgen machen, wie dein Hund reagiert, wenn Freunde zu Besuch kommen. Mit einem schlecht sozialisierten Hund wird es schwierig sein, in Zukunft einen weiteren Hund in deinen Haushalt aufzunehmen. Kurz gesagt, dein Leben und das Leben deines Hundes werden schwieriger sein, wenn du dir nicht die Zeit nimmst, deinen Vierbeiner richtig zu sozialisieren.

Cockapoos sind normalerweise keine ängstlichen Hunde, aber sie sind sensibel. Manchmal kann sich diese Sensibilität als Angst äußern, wenn sie die Welt um sie herum nicht verstehen können. Deine Aufgabe als Besitzer ist es, ihnen zu helfen, die Dinge, die sie sehen oder hören, in einen Zusammenhang zu bringen. Du möchtest deinem Hund zeigen, dass die Welt nicht so beängstigend ist und dass die Dinge, die er erlebt, völlig ungefährlich sind.

Deine Einstellung ist wichtig, wenn es darum geht, deinen Hund ruhig zu halten. Hunde können nonverbale Signale sehr gut wahrnehmen. Deine Körperhaltung, die Spannung an der Leine und sogar dein Tonfall senden Botschaften an deinen Hund. Eine sanfte, tiefe Stimme kann zum Beispiel signalisieren, dass du ruhig bist. Eine strenge Stimme kann signalisieren, dass du es ernst meinst. Eine hohe Stimme vermittelt eine Botschaft von Angst oder Aufregung. Manche Trainer sagen, dass dein Hund dich durch die Leine lesen kann. Das heißt, wenn du deinen Hund führst, denke an die kleinen Signale, die du deinem Vierbeiner sendest.

Leckerlis sind auch sehr hilfreich, wenn es darum geht, deinem Hund beizubringen, dass etwas in Ordnung ist. Hunde lernen durch Konditionierung, wenn sie also für bestimmte Verhaltensweisen belohnt werden, verbinden sie die Handlung mit der Belohnung.

Vielleicht wird dein Hund zum Beispiel auf Hundeplätzen nervös und will zurück zum Auto rennen, sobald ihr durch das Tor gegangen seid. Damit dein Hund Freude an Bewegung und am Spielen mit anderen Hunden hat, solltest du ihm helfen, den Hundeplatz nicht mehr als etwas Beängstigendes, sondern als einen sicheren und positiven Ort wahrzunehmen. Wenn du zum Platz kommst, gibst du deinem Hund vielleicht ein Leckerli

Foto Von
Jackie Meredith

dafür, dass er aus dem Auto aussteigt und ruhig bleibt. Du kannst deinem Hund ein weiteres Leckerli geben, wenn er zum Tor kommt oder wenn er hineingeht und sich umdreht und wegläuft. Für jeden kleinen Schritt, den dein Hund macht, um seiner Angst zu begegnen, bekommt er eine Belohnung dafür, dass er ruhig bleibt. Durch regelmäßiges Training (und die Unterstützung von Leckerlis) lernen sie nach und nach, das ehemals Beängstigende mit einer tollen Belohnung zu verbinden.

Angst vor alltäglichen Ereignissen, wie der Aufenthalt bei Fremden oder anderen Hunden, ist nicht gut für deinen Cockapoo. Stress wirkt sich nicht nur negativ auf das allgemeine Wohlbefinden deines Hundes aus, sondern kann auch für andere gefährlich sein. Angst zeigt sich nicht immer als Kauern in der Ecke oder Verstecken unter dem Bett. Angst kann ein Hund am Rande sein, der bereit ist anzugreifen, nur um sich vor einer wahrgenommenen Gefahr zu schützen. Ein Hund weiß vielleicht nicht, wie man mit anderen Hunden spielt, also wenn ein freundlicher Hund auf deinen Hund zukommt, um mit ihm zu raufen, könnte dein Hund in Panik geraten und angreifen, weil er nicht die richtigen Erfahrungen gemacht hat. Oder wenn ein Kind auf deinen Hund zuläuft und ihn am Kopf streicheln will, könnte dein Vierbeiner nach seinen kleinen Händen schnappen, weil er nicht weiß, was mit ihm passieren wird. In beiden Fällen darf dein Hund nicht lernen, dass Zurückschlagen eine akzeptable Reaktion auf neue Erfahrungen ist. Das Letzte, was du willst, ist, dass dein Hund einen anderen Menschen oder ein Tier verletzt.

Aber wenn du deinen Hund auf positive Weise genügend verschiedenen Erfahrungen aussetzt, wird dein Hund weniger wahrscheinlich aus Angst handeln. Nimm deinen Hund mit an verschiedene Orte und lass ihn mit verschiedenen Menschen und Tieren interagieren. Lass ihn sich sicher fühlen, indem du ruhig bleibst und dich so verhältst, als wäre alles ganz normal. Nimm Leckerlis mit und belohne deinen Hund, wenn er entspannt ist und auf dich reagiert. Fang langsam an und lass deinen Hund mit einem anderen Hund abhängen oder lade einen Freund ein, deinen Hund kennenzulernen. Wenn das gut läuft, erhöhe die Anzahl der neuen Menschen, die dein Hund trifft. Solange es deinem Hund gut geht, erhöhe die Anforderungen, bis du dich wohl dabei fühlst, deinen Hund überall hin mitzunehmen.

Natürlich solltest du versuchen, deinen Hund nicht zu drängen, wenn er nicht bereit ist. Es kann frustrierend sein, wenn dein Hund nicht mit anderen auskommt, aber ihn zu zwingen, etwas zu tun, was er wirklich nicht tun will, kann gefährlich sein, nur um Fortschritte zu erzielen. Du verstehst vielleicht, dass dein Hund nicht in echter Gefahr ist, aber er versteht das nicht, bis er es anders gelernt hat.

Verhalten gegenüber anderen Hunden

Während du vielleicht überzeugt bist, dass dein Cockapoo ein kostbarer Engel ist, der keiner Fliege etwas zuleide tun würde, bist du dir bei all den anderen Hunden da draußen vielleicht nicht so sicher. Es ist normal, dass du dir Sorgen um deinen Hund machst, wenn du ihn anderen Vierbeinern vorstellst, aber du musst deine Ängste für deinen Hund auf ein Minimum beschränken. Sonst werden sie auch lernen, anderen gegenüber zögerlich zu sein. Ein Teil der Sozialisierungsübung besteht darin, zu lernen, wie man sich in der Nähe deines Hundes verhält, während er lernt, wie er sich in der Nähe anderer Hunde verhalten soll!

Zu Beginn solltest du die Hunde zur Sicherheit deines Hundes an der Leine halten. So kannst du, falls ein Streit ausbricht, die Hunde schnell trennen und sie an einen Ort führen, an dem sie sich beruhigen können. Das bedeutet aber nicht, dass du die Leine straff halten und nahe bei deinem Hund stehen musst, während er an den anderen Hunden schnuppert. Gib ihnen ihren Raum und erlaube ihnen, bis zum Ende der Leine zu laufen, um den anderen Hund zu begrüßen. Es kann eine natürliche Reaktion sein, eine Hand an deinem Hund zu haben, um ihn zu beruhigen, aber wenn er nicht in Gefahr ist, kann man ihm etwas Raum zum Sozialisieren geben.

Wenn das gut läuft, kannst du deinen Hund von der Leine lassen und ihn spielen lassen. Wie du feststellen wirst, ist es eine großartige Möglichkeit für deinen Hund, die nötige Bewegung und geistige Anregung zu bekommen, wenn du ihn mit einem Freund herumlaufen lässt. Gib deinem Hund auch hier etwas Raum, aber achte bei allen beteiligten Hunden auf Anzeichen, dass die Dinge in eine rauere Richtung gehen.

Für einen neuen Hundebesitzer kann es schwierig sein, zwischen Spielverhalten und Kampfverhalten zu unterscheiden. Wenn du ausflippst und eingreifst, wenn dein Hund nur rau spielt, wirst du für Verwirrung sorgen.

Als Faustregel gilt: Wenn dein Hund mit dem Schwanz wedelt, ist das ein gutes Zeichen. Hunde machen auch eine Verbeugungsbewegung in Richtung anderer Hunde, die wie eine Einladung zum Spielen ist. Hunde machen gelegentlich Beißbewegungen in Richtung des Halses eines anderen Hundes, aber dies geschieht mit einem sanften Maul. Du wirst vielleicht sogar feststellen, dass dein Hund nicht wirklich Kontakt aufnimmt, sondern seinen Freund fast „zum Schein beißt". All dies sind Hinweise darauf, dass dein Hund glücklich ist und Spaß hat.

Achte darauf, ob dein Hund Anzeichen zeigt, dass es ihm nicht gut geht. Dazu gehören Geräusche wie Knurren, Schnappen oder Winseln. Auch ein eingezogener Schwanz ist ein deutliches Signal dafür, dass dein Hund Angst hat. Entblößte Zähne und aufgestellte Haare im Nacken sind ein Zeichen dafür, dass er aggressiv werden könnte. Da ein Kampf mit einem Hund seine Sozialisierung zurückwerfen kann, versuche einzugreifen, bevor die Dinge zu sehr außer Kontrolle geraten.

Foto Von
Sarah Johnson

Wenn sich dein Hund auf den Rücken rollt und seinen Bauch einem anderen Hund zeigt, ist das eine Art der Unterwerfung. Dies ist ein Zeichen dafür, dass dein Hund sich in seiner Rolle in der Hundegruppe nicht sehr wohl fühlt. Dies signalisiert anderen Hunden, dass dein Vierbeiner kein Interesse an ihren Spielen hat und niemanden herausfordern will. Die anderen Hunde sollten dieses Zeichen verstehen und deinen Hund in Ruhe lassen, da es klar ist, dass er nicht am Spiel teilnehmen möchte.

Wenn dein Hund seine Sozialisierungsübungen gut macht, belohne ihn unbedingt. Aber du wirst wahrscheinlich feststellen, dass es für ihn Belohnung genug ist, mit einem Freund spielen zu können. Selbst wenn du in deinem normalen Alltag nicht viel Zeit mit anderen Hunden verbringst, ist es trotzdem wichtig, dass dein Hund mit anderen auskommt. Man weiß nie, wann sich eine Gelegenheit ergibt, bei der dein Hund sich in der Nähe von Artgenossen benehmen muss. Da die Sozialisierung am effektivsten ist, wenn der Hund noch ein Welpe ist, willst du nicht bereuen, deinen Hund nicht zum Hundeplatz zum Üben mitgenommen zu haben, solange du die Chance hattest.

Neue Menschen richtig begrüßen

Wenn du und dein Cockapoo nicht gerade unter einem Stein leben, wird dein Hund regelmäßig auf andere Menschen treffen. Ob er nun einen Freund oder den Postboten begrüßt – du möchtest natürlich, dass er dabei einen guten Eindruck hinterlässt. Aber wenn dein sensibler Hund gelegentlich ängstlich ist, kann er einem neuen Geruch und einem unbekannten Gesicht gegenüber misstrauisch sein. Daher ist es wichtig, ihm beizubringen, dass es in Ordnung ist, mit allen Arten von Menschen zu interagieren.

Die Sozialisierung mit Menschen ähnelt der Sozialisierung mit Hunden, aber hoffentlich sind Menschen für dich leichter zu kontrollieren. Wenn dein Welpe etwas nervös ist, ist es eine gute Idee, Fremde darüber zu informieren. So werden sie sich deinem Hund langsam und sanft nähern und nicht versuchen, ihn fest zu umarmen, wenn dein Hund noch nicht bereit für diese Art von Interaktion ist.

Wenn du deinem Hund beibringst, wie er mit Menschen umgehen soll, lass die Person auf deinen Hund zukommen und bitte sie, deinem Hund den Handrücken zum Schnuppern anzubieten. Die Person sollte sich langsam bewegen, damit dein Hund nicht denkt, er würde gleich gepackt oder zu etwas überredet, was er nicht tun möchte. Wenn dein Hund neugierig ist, lass die Person ihm ein Leckerli geben oder deinen Hund am Rücken streicheln. Für manche Hunde ist ein Streicheln

Foto Von
Morrigan Harvey

am Kopf zu persönlich und nur für Menschen reserviert, denen sie am meisten vertrauen.

Eine Möglichkeit, mit der Sozialisierung zu beginnen, ist, deinen Hund an Orte mitzunehmen, von denen du weißt, dass du dort andere Menschen treffen wirst. Nimm Leckerlis mit und bitte Passanten, deinem Hund eines der Leckerlis zu geben, wenn er ruhig ist. Du wirst feststellen, dass die meisten Menschen mehr als bereit sind, kurz anzuhalten, um deinen niedlichen Cockapoo zu streicheln, wenn du erklärst, was du tust.

Sobald dein Hund das gemeistert hat, nimm ihn mit an einen Ort mit mehr Menschen. Wiederhole diesen Schritt, bis dein Hund durch eine Menschenmenge laufen kann, ohne nervös zu werden. Einkaufszentren im Freien und Wochenmärkte sind großartige Orte, um die Fähigkeit deines Hundes zu testen, ruhig zu bleiben. Du musst auch daran denken, dass manche Hunde auf verschiedene Menschen unterschiedlich reagieren. Wenn du zum Beispiel eine zierliche Frau bist und dein Hund nur mit zierlichen Menschen oder Frauen interagiert hat, könnte ein großer Mann, der deinen Hund streicheln möchte, deinen Hund erschrecken. Stelle sicher, dass dein Hund positive Interaktionen mit allen möglichen verschiedenen Menschen hat, damit dein Cockapoo nicht in Panik gerät, wenn jemand, der etwas anders aussieht, in dein Haus kommt.

Es ist am besten, nicht zu lange zu warten, wenn es um den Sozialisierungsprozess geht. Beginne langsam, deinen Hund in den ersten sechs Monaten seines Lebens anderen Menschen und Hunden vorzustellen. Sonst kann er leicht in seinen eigenen Gewohnheiten stecken bleiben. Wenn dein erwachsener Cockapoo in der Nähe anderer nervös ist, bedeutet das nicht, dass alle Hoffnung verloren ist. Du kannst deinen Hund immer noch in die höfliche Gesellschaft integrieren – es könnte nur etwas mehr Arbeit erfordern. Fang langsam an, sei geduldig, und in kürzester Zeit wird dein Hund im Mittelpunkt der Aufmerksamkeit stehen wollen, egal bei wem er ist.

KAPITEL 8

Cockapoos und deine anderen Haustiere

Wenn dein neuer Cockapoo nicht dein einziges Tier ist, ist die Sozialisierung viel wichtiger, als wenn er ein Einzelhund wäre. Wenn ständig andere Tiere in deinem Zuhause leben, ist es umso wichtiger, dass sie gut miteinander auskommen. Besonders wenn du vorhast, deine Tiere irgendwann ohne Aufsicht allein zu lassen, ist es absolut notwendig, dass sie sich vertragen.

Deinen Welpen anderen Haustieren vorstellen

Eine gute Einführung kann viel bewirken. Stelle deinen neuen Cockapoo deinen anderen Haustieren vor, bevor du ihn überhaupt nach Hause bringst. Deine älteren Hunde könnten das Gefühl haben, ihr Revier verteidigen zu müssen, wenn plötzlich ein neuer Welpe hereinspaziert. Das kann zu anhaltenden Spannungen führen, daher ist es am besten, von Anfang an für ein harmonisches Miteinander zu sorgen.

Wie im Kapitel über die ersten Wochen deines Welpen erwähnt, ist es gut, diesen Prozess langsam anzugehen und deine Haustiere auf neutralem Boden zusammenzuführen. Ein Park, das Haus eines Freundes oder sogar das Zuhause des Züchters sind gute Orte, um deine Tiere miteinander bekannt zu machen. Erst wenn sie sich wohlfühlen und sich benehmen können, lass sie sich in deinem Zuhause aneinander gewöhnen.

In dieser Phase ist Aufsicht ein Muss. Dein Cockapoo verhält sich vielleicht tadellos, wenn du zuschaust, aber das Verhalten eines Tieres kann sich schlagartig ändern, wenn der Besitzer nicht hinschaut. Sei nicht überrascht, wenn du den Raum für eine Minute verlässt und zu einem Tumult zurückkommst. Damit keines deiner Haustiere durch ein Missverständnis verletzt wird, sollte in den ersten Tagen immer jemand dabei sein.

Wenn du einen Hund hast, kann dieser Prozess reibungslos verlaufen. Schließlich wird dein Welpe schon etwas Zeit mit anderen Hunden verbracht haben. Es ist jedoch viel unwahrscheinlicher, dass dein neuer Cockapoo Zeit mit einer Katze verbracht hat. Es ist nicht unmöglich, dass Katzen und Hunde miteinander auskommen. Oft leben sie ohne Proble-

*Foto Von
Kelly Collins*

me zusammen. Allerdings hat dein Hund wahrscheinlich keine Ahnung, wie er sich bei einer Katze verhalten soll, und deine Katze wird nicht begeistert sein, wenn ein kleiner Welpe an ihr schnüffelt und ihre Ruhe stört.

Die Begegnung zwischen deinem Cockapoo und deiner Katze könnte etwas anders verlaufen, da viele Katzen generell kein Interesse daran haben, mit Hunden zu spielen. Wenn du sie ohne Katastrophe in denselben Raum bringen kannst, ist das schon ein Erfolg. Versuche, deinen Welpen die Katze gut beschnüffeln zu lassen, damit er herausfinden kann, was dieses pelzige Nicht-Hund-Wesen ist – aber nicht so nah, dass er sich die Nase zerkratzen lässt.

Bei diesen Interaktionen solltest du unbedingt sicherstellen, dass dein Cockapoo die Katze nicht als Beute betrachtet und versucht, sie zu jagen. Ein Hund kann ein anderes Tier ernsthaft verletzen. Sorge immer dafür, dass deine Katze einen Fluchtweg hat, falls dein Hund zu grob wird. Ein Kratzbaum ist hilfreich, um deine Katze in Sicherheit zu bringen. Doch gerade in den ersten Monaten braucht sie auch einen Rückzugsort, solange dein Hund noch lernen muss, wie er mit Katzen umgeht. Mit der Zeit wirst du dich wohler dabei fühlen, deine Haustiere für kurze Zeit allein zu Hause zu lassen. Nutze bis dahin alle verfügbaren Hilfsmittel. Absperrgitter eignen sich gut, um Tiere zu trennen, die sich nicht sofort vertragen. Auch Tiersitter-Dienste oder Hundertagesstätten können genutzt werden, um deinem Welpen etwas mehr Aufsicht zu bieten, bis er gelernt hat, wie er sich verhalten soll.

Rudelmentalität

Obwohl die heutigen Hunde weit von ihren wilden Vorfahren entfernt sind, nutzen viele Trainer Konzepte aus dem Verhalten von Wolfsrudeln für Haushunde. Diese Ordnungsregeln unter Hunden sind keine festen Gesetze, aber sie können dir eine Vorstellung davon geben, warum dein Hund sich so verhält, wie er es tut.

In einem Hunderudel gibt es einen Anführer oder Alpha. Dieses Alpha hält die anderen Hunde in Schach. Es ist dominant und weist den anderen Hunden ihren Platz zu. Da es einen Anführer gibt, sind die anderen Hunde Mitläufer mit unterschiedlichen Graden an Unterwürfigkeit. Diese Hunde versuchen nicht, die Kontrolle zu übernehmen, sondern folgen dem Rudel.

Dominanz und Unterordnung bei Hunden sind nicht unbedingt schlecht. Menschen verwechseln oft Dominanz mit Aggression und Unterordnung mit Angst. Obwohl es möglich ist, dass ein Hund beide Eigenschaften hat, schließen sie sich nicht gegenseitig aus. Manche Hunde fühlen sich einfach in verschiedenen Rollen wohl; es bedeutet nicht zwangsläufig, dass sie aggressiv sind, wenn sie Anführer sind, oder Feiglinge, wenn sie Mitläufer sind.

Sobald dein Hund in sein neues „Rudel" von Hunden in deinem Zuhause integriert ist, wirst du bemerken, dass sich eine Hierarchie entwickelt. Einer deiner Hunde könnte versuchen, die Kontrolle zu übernehmen und die Regeln festzulegen. Das ist ein ganz natürliches Verhalten und völlig in Ordnung, solange niemand dabei verletzt wird. Denk daran, dass du immer noch der Alpha-Hund sein musst, auch wenn deine Hunde ihr eigenes Rudel mit verschiedenen Führungsebenen bilden. Wenn du mit deinem Rudel spazieren gehst, bestimmst du die Richtung. Wenn es Essenszeit ist, solltest du zuerst essen, bevor du deine Hunde fütterst. Kleine Gesten zeigen deinen Hunden, dass du immer noch das Sagen hast, auch wenn das Rudel neue Mitglieder hat.

Foto Von
Neil Cauldwell

Kämpfe

Manchmal machst du alles richtig und bemerkst trotzdem, dass deine Hunde kämpfen. Wenn das passiert, ist es wichtig, den Streit schnell zu beenden, bevor es gefährlich wird. Wenn du bei deinen Hunden bist, wirst du wahrscheinlich die Anzeichen eines bevorstehenden Kampfes bemerken, bevor er überhaupt beginnt. Du hörst vielleicht Knurren und siehst die Zähne deines Hundes. Sie werden auch Blickkontakt mit dem Hund aufnehmen, mit dem sie kämpfen wollen.

Das Erste, was du tun solltest, ist, den Blickkontakt zwischen den Hunden zu unterbrechen. Es ist nicht immer sicher, zwischen zwei kampfbereite Hunde zu gehen, also nutze deinen gesunden Menschenverstand. Versuche, ein lautes Geräusch zu machen, um die Hunde aus ihrer Trance zu reißen. Wenn das nicht funktioniert, versuche, eine Barriere zwischen die beiden Hunde zu bringen oder sie wegzuziehen – alles, um sie davon abzuhalten, sich weiter anzustarren. Sei auch hier vorsichtig, denn du willst nicht zwischen zwei Hunde geraten, wenn sie anfangen zu kämpfen.

Wenn du die Warnsignale übersehen hast und die Hunde bereits kämpfen, musst du sie sicher trennen. Triffst du mit deinem angeleinten Hund auf einen anderen, kannst du mit einem kurzen Ruck an der Leine und einem gezielten Wegführen die Situation schnell entschärfen. Wenn sie nicht an der Leine sind, greife die Hinterbeine deines Hundes und führe ihn wie eine Schubkarre vom Kampf weg. So bleiben deine Hände von ihren Zähnen fern, und sie können vorübergehend nicht effektiv kämpfen. Sobald die Hunde getrennt sind, brauchen sie Zeit, um sich zu beruhigen. Schicke einen Hund in den Garten und behalte den anderen drinnen. Oder bringe die Hunde in separate Räume, damit sie nicht die Möglichkeit haben, sich wieder in die Augen zu schauen. Wenn sie genug Zeit getrennt verbracht haben, lass sie in denselben Bereich des Hauses zurückkehren und beobachte sie genau. Mit etwas Glück ist der Auslöser des Kampfes längst vergessen. Mach dir keine Sorgen, deine Hunde zu zwingen, sich nach einer Auseinandersetzung zu „versöhnen". In dieser Situation ist es am besten, so zu tun, als wäre nichts passiert.

Die Gefahren beim Kauf von Wurfgeschwistern

Wenn ein neuer Cockapoo-Welpe gut ist, dann müssen zwei doch großartig sein, oder? Vielleicht hast du beschlossen, dass du gerne zwei Cockapoos in deinem Zuhause hättest. Es ist nichts falsch daran, zwei

*Foto Von
Marita Boast*

Hunde derselben Rasse und ungefähr im gleichen Alter zu halten. Diese Hunde sind ausgezeichnete Begleiter für Menschen und füreinander. Sie können sich gegenseitig Gesellschaft leisten und sich unterhalten, wenn du nicht zu Hause bist. Aber es ist keine gute Idee, mehrere Welpen aus demselben Wurf aufzunehmen.

Erstens ist es eine Menge Arbeit, nur einen Welpen zu haben. Stell dir nun vor, du verdoppelst all die Arbeit, die du erledigen musst. Das bedeutet doppelt so viele Unfälle, doppelt so viele Ausflüge nach draußen mitten in der Nacht und doppelt so viele kleine Zahnabdrücke auf deinen Möbeln. Es ist nicht unmöglich, zwei Welpen gleichzeitig großzuziehen, aber wenn du nicht jede Menge Zeit, Energie und Erfahrung mit der Aufzucht von Welpen hast, ist es nicht ideal.

Außerdem ist vielen Hundebesitzern nicht bewusst, dass der Besitz von zwei Geschwistern aus demselben Wurf keine gute Sache ist. Man könnte meinen, dass Wurfgeschwister besser miteinander auskommen als Hunde aus verschiedenen Würfen, aber das ist oft nicht der Fall. Viele Trainer raten davon ab, Wurfgeschwister zu kaufen, weil sie schwer zu handhaben sein können.

Das zeigt sich, wenn es Zeit wird, deine Hunde zu trainieren. Wurfgeschwister sind oft voneinander abgelenkt, weil sie sich so nahestehen. Sie haben einfach nicht die gleiche Konzentration wie Hunde aus verschiedenen Würfen. Wenn du dich für einen Kurs anmeldest, lässt dein Trainer dich vielleicht nicht einmal beide Hunde zur selben Trainingseinheit mitbringen. Du wirst frustriert sein, weil du ständig deine Zeit zwischen den Welpen aufteilen musst, nur um ihnen einfache Kommandos beizubringen.

Wurfgeschwister leiden auch unter verstärkter Trennungsangst, wenn sie getrennt werden müssen. Du musst zum Beispiel vielleicht einen Welpen zum Tierarzt bringen, aber nicht den anderen. In der Zwischenzeit werden beide Hunde durchdrehen, weil sie von ihrem Gefährten getrennt sind. Diese Angst kann sie schwer zu handhaben machen oder destruktives Verhalten hervorrufen.

Es ist nicht unmöglich, Wurfgeschwister großzuziehen, aber es ist definitiv nicht ideal. Wenn du unbedingt zwei Cockapoos haben möchtest, überlege dir, einen zu kaufen und ihn über die frühe Welpenphase hinaus zu bringen, bevor du einen weiteren kaufst. Auf diese Weise musst du nicht deine ganze Zeit mit der Aufzucht von Welpen verbringen, und sie werden nicht unter dem Wurfgeschwister-Syndrom leiden.

Was, wenn meine Haustiere sich nicht vertragen?

Es ist nicht ungewöhnlich, dass die Haustiere eines Besitzers sich nicht sofort mit einem Welpen anfreunden. Vielleicht sind deine Hunde älter und haben das Bedürfnis, deinen Welpen in Form zu bringen. Oder vielleicht gibt es etwas in der DNA deines Hundes, das es ihm schwer macht, mit anderen Hunden auszukommen. Was auch immer das Problem ist, es ist wichtig, alles zu klären, bevor eines deiner Haustiere verletzt wird.

Versuche, Abstand zwischen deinen Haustieren zu schaffen. Vielleicht liegt das Problem darin, dass sie im selben Raum eingesperrt sind und sich den ganzen Tag anstarren müssen. Gib ihnen separate Bereiche im Haus, in denen sie sich aufhalten können, damit sie nicht das Gefühl haben, ständig um Platz zu konkurrieren. Transportboxen und Absperrgitter können helfen, in einem kleinen Haus Distanz zu schaffen. Du könntest deine Hunde auch zu getrennten Spaziergängen mitnehmen oder sie zu getrennten Trainingskursen bringen, damit sie etwas Zeit voneinander getrennt (und Qualitätszeit mit dir) verbringen können.

Wenn nichts von dem, was du versucht hast, funktioniert, ist es Zeit, einen Plan zu entwickeln, um das Schlimmste zu verhindern. Wende dich an einen Trainer oder Hundeverhaltensexperten, der deine Hunde kennenlernen und das Problem diagnostizieren kann.

Wenn du absolut nicht verhindern kannst, dass deine Haustiere kämpfen, musst du eine schwierige Entscheidung treffen. Es kann sehr schwer sein, einen Hund abzugeben, aber sein Leben könnte davon abhängen. Wenn nichts von dem, was du tust, funktioniert, ist ein neues Zuhause für einen deiner Hunde besser, als dass einer vom anderen ernsthaft verletzt wird.

Ein Cockapoo kann eine ausgezeichnete Ergänzung für deinen hundefreundlichen Haushalt sein, da die Rasse gut mit anderen Hunden auskommt. Es ist jedoch wichtig, alles zu tun, damit sich alle Haustiere geliebt und umsorgt fühlen. Führe deinen neuen Cockapoo langsam in deinen Haushalt ein, damit deine anderen Haustiere sich nicht bedroht oder verwirrt fühlen. Sobald dein neuer Hund zu Hause ist, beobachte alle sorgfältig, um Auseinandersetzungen zu vermeiden. Zwinge deine Tiere niemals zusammen zu sein, wenn sie es nicht wollen, und gib ihnen viele Möglichkeiten, ihren eigenen Raum zu haben. Am wichtigsten ist, dass du ruhig bleibst und deinen Hunden die Zeit gibst, die sie brauchen, um Freunde zu werden. Wenn du deinen alten Hunden zeigst, dass ein neuer Welpe eine gute Sache ist, werden sie dir eher glauben, als wenn du ständig besorgt bist und über ihnen schwebst. In kürzester Zeit wird dein Welpe der beste Freund der Tiere sein, die du bereits als Familie bezeichnest.

KAPITEL 9
Bewegung

„Cockapoos sind intelligent und können sich schnell langweilen, was zu ungezogenem Verhalten führen kann. Es ist unbedingt notwendig, viel Zeit mit Spielen und Bewegung mit deinem Welpen zu verbringen."

Jamie
Niedliche Cockapoos

Foto Von
Stuart Baynham

Wenn es darum geht, deinem Hund etwas zu tun zu geben, ist Bewegung nicht verhandelbar. Alle Hunde, unabhängig von ihrer Größe oder Rasse, brauchen irgendeine Art von Aktivität, um in Bewegung zu bleiben. Tägliche Bewegung ist ein wesentlicher Bestandteil der körperlichen und geistigen Gesundheit deines Hundes. Ohne sie können sie zunehmen oder sogar ängstlich werden. Cockapoos sind lebhafte Hunde, daher brauchen sie ein Ventil für ihre Energie, um glücklich und gesund zu sein.

Die Vorstellung von regelmäßiger Bewegung kann entmutigend sein, besonders wenn du selbst nicht so aktiv bist! Bewegung für einen Hund bedeutet nicht unbedingt joggen zu gehen, obwohl es eine schnelle Möglichkeit ist, überschüssige Energie bei einem hyperaktiven Welpen abzubauen. Bewegung kann ein gemütlicher Spaziergang, eine lange Runde Apportieren oder ein Nachmittag in der Hundestagesstätte sein, wo dein Hund mit Freunden toben kann. Und wenn du nicht in Bestform bist, ist ein Hund die perfekte Motivation, um fit zu werden.

Cockapoos sind tolle Haustiere, weil sie im Vergleich zu anderen Rassen nicht so viel Bewegung brauchen. Und je kleiner der Cockapoo, desto weniger Bewegung wird er benötigen, denn die kleinen Beinchen eines Toy Cockapoos können nur begrenzte Strecken zurücklegen. Du kannst mit diesen Hunden trotzdem lange Spaziergänge machen, aber

Foto Von
Adele Donaldson

sie werden nicht so viel Bewegung benötigen wie beispielsweise ein Border Collie. Das macht sie zu einem guten Haustier für einen Hundeanfänger oder jemanden mit begrenztem Platz in der Wohnung.

Bewegungsanforderungen

Versuche, deinen Hund mehrmals am Tag nach draußen zu bringen. Wenn du einen eingezäunten Garten hast, kann dein Hund dort über den Tag verteilt kleine Bewegungseinheiten bekommen. Ansonsten reicht ein Spaziergang am Morgen und am Abend aus. Diese müssen auch nicht besonders lang sein. Nachdem du einige Zeit mit deinem Hund verbracht hast, wirst du feststellen können, wie viel Bewegung er braucht. Ein kurzer Morgenspaziergang ist eine gute Gelegenheit für deinen Hund, nach einer langen Nacht des Anhaltens sein Geschäft zu erledigen. Es gibt ihm auch die Möglichkeit, seine Beine zu strecken und Zeit mit dir zu verbringen, nachdem er die ganze Nacht darauf gewartet hat, dass du aufwachst.

Wenn dein Hund unter Trennungsangst leidet, kann anstrengende Bewegung ihm helfen, ruhig zu bleiben, wenn du das Haus verlässt. Ein müder Hund ist der bravste Hund, weil er nicht so viel aufgestaute Energie in sich hat. Bewegungsmangel kann bei Hunden zu destruktivem Verhalten führen, weil sie kein positives Ventil für ihre Energie haben. Wenn dein Hund in Panik gerät, wenn du morgens das Haus verlässt, könnte es helfen, den frühen Morgen mit viel Bewegung zu füllen, damit dein Cockapoo sich eher ausruht, nachdem du zur Arbeit gegangen bist. Ein längerer Spaziergang, ein kurzer Lauf oder etwas Zeit mit Apportieren wird deinem Hund helfen, sich zu entspannen.

Sorge am Abend dafür, dass dein Hund reichlich Gelegenheit hat zu spielen und seine Energie loszuwerden. Wenn du den ganzen Tag außer Haus bist, werden sie spielen und bis zur Schlafenszeit direkt an deiner Seite sein wollen. Ein langer Abendspaziergang kann ihre Beine so in Schwung bringen, dass sie für den Rest des Abends glücklich neben dir kuscheln werden. Außerdem wird ein Ausflug zum Hundepark oder Spielen im Garten für einen sehr glücklichen Cockapoo sorgen.

Wenn du deinem Hund Bewegung verschaffst, stelle sicher, dass genügend kühles Wasser zur Verfügung steht. Hunde schwitzen nicht wie Menschen, daher können sie recht leicht überhitzen. Außerdem können Hunde dir nicht sagen, wenn sie müde sind. Oft sind sie einfach so aufgeregt, draußen zu sein, dass sie keine Anzeichen von Erschöpfung zeigen, bis sie wirklich keine Aktivität mehr aushalten können. Wenn du an einem besonders heißen Ort lebst, überlege, ob du mit dem Großteil der

Bewegung deines Hundes bis zu einem kühleren Teil des Tages wartest. Wenn es ein heißer und sonniger Tag ist, fühle den Beton mit deinen nackten Füßen. Wenn es für dich zu heiß ist, um ohne Schuhe zu laufen, ist es auch für deinen Hund zu heiß, um auf dem Beton zu laufen. Hunde verbergen ihr Unbehagen sehr gut, daher merkst du vielleicht nicht, dass dein Hund Schmerzen hat, bis Symptome auftreten. Bei extremem Wetter solltest du auf den Komfort deines Hundes achten.

Bewegungsarten zum Ausprobieren

Hundebewegung kann viel mehr sein als nur Spaziergänge. Den Bewegungsablauf deines Hundes zu variieren, kann verhindern, dass er sich bei einer Aktivität langweilt. Es gibt so viele lustige Dinge, die du mit deinem Hund machen kannst, also ist es toll, eine breite Palette von Aktivitäten auszuprobieren, um zu sehen, was deinem Hund am meisten Spaß macht.

Wenn du einen Garten oder Zugang zu einer anderen großen Grasfläche hast, gibt es viele Spiele, die du spielen kannst, um die Koordination und Fähigkeiten deines Hundes zu fördern. Tennisbälle sind ein großartiges Spielzeug: Du kannst sie in die Luft werfen, damit dein Hund seine Fangfähigkeiten trainiert, oder sie weit schleudern, um seine Schnelligkeit beim Laufen zu testen. Frisbee kann auch ein anspruchsvolles Spiel sein, das sowohl die Koordination deines Hundes als auch deine eigene trainiert. Bei der Auswahl von Gartenspielen solltest du eine Vielzahl von Spielzeugen zur Hand haben, damit dein Hund sich nicht mit denselben alten Sachen langweilt.

Wenn du in der Nähe eines Gewässers wohnst, könnte Schwimmen etwas sein, das deinem Hund Spaß macht. Nicht alle Hunde mögen Wasser, daher ist es wichtig, deinen Hund erst einmal die Pfoten ins Wasser tauchen zu lassen und zu entscheiden, wie er sich fühlt, bevor du ihn hineinwirfst. Fühlt sich dein Hund im Wasser wie zu Hause, kann es sinnvoll sein, eine Hundeschwimmweste anzuschaffen – so ist dein pelziger Freund stets gut geschützt. Selbst wenn dein Hund ein starker Schwimmer ist, könnte er sich überanstrengen und sich zu weit vom Ufer entfernen. Schwimmwesten gibt es in allen Größen, also solltest du eine finden können, die zu deinem Cockapoo passt. Natürlich ist es wichtig, daran zu denken, ihre Ohren nach einem Bad zu trocknen, da eingeschlossenes Wasser zu Infektionen führen kann.

Wenn du an Trainingskursen teilnimmst, wirst du vielleicht entdecken, dass dein Cockapoo viel Talent für organisierte Hundesportarten hat. Auch wenn er nicht der schnellste oder stärkste Hund ist, kann er dennoch erfolgreich und mit Freude an Wettbewerben teilnehmen. Diese Hunde sind relativ leicht zu trainieren, also könntest du überlegen, sie in einem Agilitykurs anzumelden, um ihre Fähigkeiten zu testen. Sie werden üben, Rampen hoch und runterzulaufen, durch Pylonen zu schlängeln und durch Tunnel zu sprinten. Sie werden viel Freude daran finden, die unterschiedlichen Hindernisse zu bewältigen, und lieben es, deine Aufregung und Begeisterung mitzuerleben, wenn sie eine tolle Leistung zeigen. Die meisten Hundeclubs bieten Anfänger-Agilitykurse an, die eine großartige Gelegenheit sein können, die Fähigkeiten deines Hundes zu testen. Flyball ist eine weitere Hundesportart, die deinem Cockapoo gefallen könnte. Dies ist wie ein Staffellauf für Hunde. Jedes Team hat vier Hunde, die abwechselnd einen Ball von einer Seite des Raumes zur anderen transportieren. Diese Sportart wird in der Regel von großen, aktiven Hunderassen dominiert, aber das bedeutet nicht, dass dein Cockapoo nicht teilnehmen kann. Du könntest sogar einen Kurs finden, der ihnen ermöglicht, die Fähigkeiten zu erlernen, die sie zum Spielen des Spiels benötigen.

Besonders in den Wintermonaten, wenn du vielleicht nicht so oft nach draußen gehen kannst, kann eine Mitgliedschaft in einem Hundeclub oder einem Indoorhundepark sehr vorteilhaft sein. Dein Hund hat in den kühleren Monaten möglicherweise mehr Energie, aber wenn er keinen Ort hat, an dem er diese Energie abbauen kann, wird er sich seine

Foto Von
Lee Carpenter

Foto Von
Karen Bird

eigenen destruktiven Spiele ausdenken. Eine Einrichtung für Hunde ist gut, um deinen Hund aus dem Haus zu bekommen und in Bewegung zu halten, besonders wenn das Wetter nicht für Spaziergänge geeignet ist.

Geistige Bewegung

Viele Hundebesitzer berücksichtigen nicht die geistige Energie ihres Vierbeiners. Bei intelligenten Rassen wie Cockapoos ist es notwendig sicherzustellen, dass ihr Verstand genauso gefordert wird wie ihr Körper. Intelligente Rassen machen Spaß bei der Arbeit, aber wenn sie nicht ausreichend geistige Stimulation erhalten, können sie unruhig oder ungezogen werden. Da sie sich leicht langweilen, werden sie sich ihre eigenen Spiele ausdenken, wenn sie nicht das bekommen, was sie von dir brauchen. Diese Spiele beinhalten oft die Zerstörung deiner Besitztümer, weil sie alles, was sie finden können, als Unterhaltung nutzen. Wenn du deinen Hund für längere Zeit allein lassen musst, ist es eine gute Idee, sicherzustellen, dass sowohl ihr Geist als auch ihre körperlichen Bedürfnisse beachtet werden.

Glücklicherweise gibt es viele Produkte, die dir bei dieser Aufgabe helfen können. Probiere verschiedene „Futterpuzzles" für deinen Vierbeiner aus. Der Original-Kong ist eine beliebte Wahl, weil er Hunden aller Fähigkeiten Spaß macht. Dies ist ein Gummispielzeug, das etwas zwischen einem Ball und einem Kegel ist und mit Käse, Erdnussbutter oder kleinen Leckerbissen gefüllt werden kann. Aufgrund der Form des Spielzeugs erfordert es etwas Arbeit, um die Leckerbissen herauszubekommen. Dein Hund muss sein Gehirn benutzen, um herauszufinden, wie er das Spielzeug lecken, werfen oder fallen lassen muss, um an den Leckerbissen zu kommen. Ein weiteres futtergesteuertes Spielzeug, das oft für Schnellfresser verwendet wird, ist ein Ball, der mit ihrem Trockenfutter gefüllt werden kann. Sie müssen den Ball mit ihrer Nase herumschieben, damit einige Stücke herausfallen. Eine Mahlzeit könnte sie dreißig Minuten Spielzeit kosten, um sie zu beenden.

Wenn dein Hund eine Herausforderung sucht, gibt es Puzzlebretter, die mit Leckerbissen gefüllt werden können, um deinen Hund dazu zu bringen, herauszufinden, wie die Vorrichtung funktioniert. Es gibt so viele Varianten da draußen, aber viele erfordern, dass dein Hund Plastikscheiben verschiebt, Schubladen öffnet und Hebel zieht, um seinen Preis zu bekommen. Erhöhe den Einsatz und verstecke den wertvollsten Leckerbissen, den du hast, um sie zu motivieren zu arbeiten. Wenn dein Cockapoo eines gemeistert hat, probiere ein neues Spielzeug mit anderen Hindernissen aus.

Training ist auch eine gute Möglichkeit, das Gehirn deines Hundes aktiv zu halten. Solange du das Training spaßig gestaltest, wird dein Hund es genießen, neue Befehle zu lernen und zu üben. Wenn du täglich 10 bis 20 Minuten mit Befehlen arbeitest, wirst du erstaunt sein, wie viele coole Tricks dein Welpe lernen kann. Das gibt ihnen das Gefühl, eine Aufgabe und einen Zweck zu haben, was sie davon abhalten wird, diese Zeit für destruktives Verhalten zu nutzen.

Foto Von
Mandy Watson

Besonders wenn das Wetter dich daran hindert, nach draußen zu gehen, könntest du versuchen, Verstecken mit deinem Hund zu spielen. Sobald sie gelernt haben, zu sitzen und zu bleiben, platziere sie in einem Teil deines Hauses. In der Zwischenzeit verstecke dich in einem anderen Raum und rufe sie. Warte, bis sie dich erschnüffelt haben, und gib ihnen dann Leckerlis und Lob. Wiederhole dies, bis sie des Spiels müde werden. Eine Variation dieses Spiels ist, Spielzeuge im Haus zu verstecken und ihnen zu befehlen, ihr Spielzeug zu finden. Wenn sie darin gut werden, kannst du versuchen, deinem Hund die Namen mehrerer Spielzeuge beizubringen und ihnen zu befehlen, ein bestimmtes namentlich zu holen.

Zerren ist eine weitere Aktivität, die körperliche und geistige Bewegung kombiniert. Gib deinem Hund ein Ende eines Seilspielzeugs und lass ihn am anderen Ende ziehen. Es wird nicht lange dauern, bis dein Hund herausfindet, was zu tun ist. Wackle das Seil hin und her und versuche, sie dazu zu bringen, nachzulassen und dir zu erlauben zu gewinnen. Dies wird sie herausfordern, dich zu überlisten und das Spielzeug zu gewinnen. Manche Hunde werden bei diesem Spiel ziemlich aufgeregt, also stelle sicher, dass dein Hund weiß, dass du die Kontrolle hast. Sei immer derjenige, der das Spiel initiiert, und lass sie wissen, wann das Spiel vorbei ist.

Es gibt so viele Aktivitäten, die du mit deinem Cockapoo machen kannst, die ihn glücklich und gesund halten werden. Strebe mindestens dreißig Minuten körperliche Bewegung und dreißig Minuten geistige Bewegung pro Tag an. Natürlich wird dein Hund so viel wie möglich spielen wollen. Besonders bei warmem Wetter solltest du deinen Hund im Auge behalten und auf Anzeichen von Erschöpfung achten. Vermeide es, deinen Hund über seine Fähigkeiten hinaus zu fordern.

Bewegung muss auch für den Besitzer keine lästige Pflicht sein. Einen Hund zu haben, ist eine großartige Ausrede, um verschiedene Orte zu erkunden und Zeit in der Natur zu verbringen. Dein Hund wird es genießen, rauszukommen, um neue Dinge zu sehen und zu riechen, und du kannst dich entspannen, während du etwas sanfte Bewegung bekommst. Dein Hund wird es lieben, Qualitätszeit mit dir zu verbringen, und du wirst es genießen, deinen Vierbeiner so glücklich wie möglich zu machen!

KAPITEL 10
Deinen Cockapoo trainieren

„Ein fester Zeitplan ist sehr wichtig. Tiere, besonders Hunde, leben nach dem Rhythmus der Natur. Wenn du einen Zeitplan festlegst, halte dich daran und versuche, ihn nicht zu ändern! Sie werden mit der Zeit sehr schnell lernen, wann es Zeit ist, nach draußen zu gehen, um ihr Geschäft zu erledigen, wann Futterzeit ist und wann Schlafenszeit!"

Daxon Weaver

Weaver Family Farms

Foto Von
Lucy Russell

Eine der wichtigsten Dinge, die du für deinen Hund tun kannst, ist, ihn früh in seinem Leben zu erziehen. Gutes Training bringt viele Vorteile mit sich, aber der vielleicht wichtigste ist, dass es sowohl dich als auch deinen Vierbeiner glücklich machtGerade am Anfang erstellt man oft zahlreiche Trainingspläne, verliert jedoch im Alltag leicht den Faden. Doch deine Beziehung zu deinem Hund hängt davon ab, dass er deine Erwartungen versteht und sich gut benimmt. Ohne Training ist dein Cockapoo einfach nur ein Tier.

Wenn dies dein erster Hund ist, kann es schnell überwältigend werden. Vielleicht stellst du fest, dass es einfach ist, deinem Hund das Sitzen beizubringen, aber unmöglich, ihn an der Leine laufen zu lassen. Wenn dein Hund sich daneben benimmt, kann es schnell kommen dass du dich frustriert fühlst und lieber aufgeben würdest. Bleib dran! Manche Hunde brauchen bei bestimm-

85

ten Kommandos und Verhaltensweisen etwas mehr Zeit. Eine positive Einstellung und Geduld von deiner Seite bringen dich beim Hundetraining jedoch sehr weit.

Klare Erwartungen

Entscheide zu Beginn, was du von deinem Cockapoo erwartest. Das liegt ganz bei dir als Besitzer und deinen Vorstellungen bezüglich deines Haustieres. Du kannst besipielsweise entscheiden, dass dein Hund an Gehorsamkeitswettbewerben teilnehmen soll. Oder du möchtest einfach nur, dass dein Hund bei Bedarf sitzen und bleiben kann. Was auch immer du entscheidest, setze vernünftige Erwartungen für das Training. Wenn du keine Zeit hast, Kurse zu besuchen oder zu Hause zu üben, ist es nicht sehr vernünftig, von deinem Hund ein perfektes Verhalten zu erwarten. Oder wenn du jedes Mal wütend auf deinen Hund wirst, wenn er einen Fehler macht, wird er wahrscheinlich keine neuen Tricks lernen wollen. Du solltest stets im Kopf behalten, dass es viel Zeit und Mühe kostet, deinen neuen Cockapoo zu einem höflichen Mitglied der Gesellschaft zu erziehen.

Grundlagen der operanten Konditionierung

Auch wenn es scheint, als würde dein Hund alles verstehen, was du ihm sagst – Hunde verstehen nicht, was wir sagen, wie es ein menschliches Kind tun würde. Wenn du einen Hund trainierst, hören sie nicht unbedingt ein Kommando und wissen, warum du möchtest, dass sie diese Sache tun. Stattdessen ist es eher eine reflexartige Reaktion durch das viele Üben. Wenn du mit grundlegenden psychologischen Konzepten vertraut bist, weißt du, dass Hunde durch operante Konditionierung trainiert werden.

Kurz gesagt erfordert die operante Konditionierung eine Reaktion auf jede Handlung, entweder positiv oder negativ. Eine klassische Demonstration der operanten Konditionierung wird mit Ratten in Käfigen durchgeführt. Ein Käfig ist mit einem Hebel ausgestattet. Offensichtlich hat die Ratte noch nie Hebel erlebt und weiß nicht, was sie damit anfangen soll. Irgendwann wird die Ratte hinüberschlendern und den Hebel drücken. Wenn dies geschieht, fällt ein Stück Futter heraus. Die Ratte wird verstehen, dass jedes Mal, wenn sie den Hebel drückt, sie Futter bekommt. Bald wird sie nichts anderes tun, als den Hebel zu betätigen, bis ihr kleiner Bauch voller Leckerbissen ist.

Foto Von
Maria McNamara

Andererseits könnte ein zweiter Hebel eingeführt werden. Dieser gibt den Ratten einen kleinen Stromschlag, wenn sie ihn drücken. Da sie das nicht mögen, werden sie lernen, dass es besser ist, sich an den Hebel zu halten, der ihnen Futter gibt. Der Schock ist so unangenehm, dass sie lernen werden, ihn zu vermeiden, obwohl der andere Hebel Futter gibt. Bald werden sie lernen, welchen Hebel sie drücken und welchen sie in Ruhe lassen sollten.

Das Gehirn deines Hundes funktioniert auf ähnliche Weise. Wenn du eine Art Verstärkung auf ihr Verhalten anwendest, werden sie lernen, dass einige Verhaltensweisen erwünscht sind und andere nicht. Mit genügend Wiederholungen kannst du ein Kommando geben und eine Reaktion von deinem Hund sehen. Denk daran, dein Hund hört nicht „Sitz" und versteht die Bedeutung des Wortes, als würde er plötzlich die menschliche Sprache verstehen. Stattdessen hat er herausgefunden, dass du es magst, wenn er seinen Hintern auf den Boden setzt, wenn er diesen bestimmten Laut von dir hört.

Als Haupttrainer deines Hundes bist du derjenige, der für die Verteilung von Verstärkungen zuständig ist, um deinem Hund beizubringen, wie er sich verhalten soll. Da Hunde am besten auf positive Verstärkungen reagieren, werden diese Verstärkungen als Belohnungen bezeichnet. Wenn dein Hund etwas Gutes tut, selbst wenn es versehentlich geschieht, musst du ihn belohnen, damit sein Gehirn die Verbindung zwischen der Handlung und der Belohnung herstellen kann.

Wenn du deinem Hund ein grundlegendes Kommando wie „Sitz" beibringst, solltest du ihn in die richtige Position bringen. Wenn er sein Ziel erreicht, gib ihm irgendeine Art von Belohnung. Wenn du den Leckerbissen gibst, kannst du etwas sagen wie „Gutes Sitz!" Wiederhole dies ein paar Mal, mach eine Pause und wiederhole es erneut. Wenn er das tut, was du willst, stelle sicher, dass er mit dem belohnt wird, was ihn am meisten motiviert.

Sobald dein Hund beginnt zu verstehen, was vor sich geht, füge das Kommando hinzu. Sag „Sitz" und bringe ihn in die Position. Dann belohne und wiederhole das Kommando: „Gutes Sitz!" Dieser Prozess wird eine Weile dauern, also achte darauf, regelmäßig zu üben. Das Endziel ist, dass dein Hund das Kommando hört und die Handlung ausführt, ohne dass Belohnungen nötig sind – es sollte einfach zur zweiten Natur werden.

Einige Hundetrainer verwenden auch negative Verstärkungen, um unerwünschtes Verhalten zu verhindern. Ein Beispiel dafür wäre die Verwendung eines Stachel- oder Elektrohalsbandes beim Spazierengehen. Die Begründung dahinter ist, dass der Hund etwas Gefährliches beim Spazierengehen tut (wie Autos hinterherjagen) und dieses Verhalten korrigieren wird, wenn ein unangenehmes Abschreckungsmittel hinzugefügt wird. Wenn dein Hund etwas tut, was dir nicht gefällt, wird er sofort mit einer negativen Reaktion alarmiert, die er als unangenehm empfinden und versuchen wird, das Verhalten zu vermeiden, das diese Reaktion ausgelöst hat. Diese Praxis ist jedoch unter Hundetrainern umstritten. Wenn sie falsch durchgeführt wird, kann diese Methode negative Auswirkungen haben.

Primäre Verstärkungen

Nicht alle Verstärkungen sind für deinen einzigartigen Cockapoo gleich wertvoll. Sobald du deinen Hund besser kennenlernst, wirst du merken, welche Belohnungen ihn begeistern und welche ignoriert werden. Primäre Verstärkungen sind Belohnungen, die an sich gut sind. Diese Belohnungen haben für deinen Hund einen unmittelbaren Wert. Leckerlis, Spielzeit und Spielzeug sind alles Beispiele für primäre Verstärkung.

Foto Von
Louisse O'Neill

Die beste Verstärkung ist etwas, das deinen Hund wirklich verrückt macht. Für manche ist das ein duftender Hundesnack. Für andere ist es ein Lieblingsspielzeug. Wenn deine Belohnung die Aufmerksamkeit deines Hundes fesselt und ihn dazu bringen kann, alles zu tun, was du willst, hast du die richtige Belohnung gefunden.

Um den Einsatz wirklich zu erhöhen, versuche, eine besondere Belohnung zu finden und sie zu etwas besonderem zu machen. Wenn du immer die gleichen alten Leckerlis oder Spielzeuge verwendest, könnte dein Cockapoo das Interesse verlieren. Du willst etwas ganz Besonderes und Aufregendes. Während dein Hund es vielleicht genießt, mit einem Tennisball Apportieren zu spielen, ist es so aufregend wie ein Kuscheltier, das alle möglichen spannenden Geräusche macht? Sind deine Trainingssnacks zu ähnlich wie ihr übliches Futter, oder ist es etwas extrem duftendes und leckeres?

Du wirst feststellen, dass die meisten Hunde auf Leckerlis reagieren, aber nicht alle Hunde werden für jedes essbare Ding Tricks machen. Wenn dein Hund nicht auf die grundlegenden Leckerlis anspricht, musst du etwas ganz Besonderes finden. Du wirst vielleicht ein paar verschiedene Geschmacksrichtungen ausprobieren, bevor du herausfindest, was dein Hund bevorzugt. Feuchte Trainingsleckerlis geben mehr Geruch ab als trockene Kekse, daher reagiert dein Hund möglicherweise besser auf etwas mit ein wenig Feuchtigkeit, weil er die Belohnung riechen und wissen kann, was auf dem Spiel steht, wenn er einen guten Job macht. Einige Besitzer verwenden sogar geschnittene Stücke von Würstchen als Belohnungen, weil sie eine besonders besondere Leckerei sind. Was auch immer du als primäre Verstärkung verwendest, stelle sicher, dass es aufregend ist und immer zur Hand.

Sekundäre Verstärkungen

Sekundäre Verstärkungen sind Belohnungen, die nicht unbedingt einen eigenen Wert haben, aber dennoch für einen Hund belohnend sind. Du kannst dir sekundäre Verstärkungen wie Währung vorstellen. Für sich genommen hat Papiergeld keinen Wert. Aber wir können Geld einen Wert geben, wenn wir es gegen greifbare Gegenstände eintauschen. Beispiele für sekundäre Verstärkungen beim Hundetraining sind Lob und Clicker als Marker für gutes Verhalten.

Da wir nicht aus einem endlosen Vorrat an Hundeleckerlis bestehen, ist es gut, Belohnungen zu schaffen, die nicht immer auf Futter angewiesen sind, um Ergebnisse zu erzielen. Akustische Marker können deinem Hund mitteilen, dass er etwas Gutes tut, ohne anhalten und ein Leckerli überreichen zu müssen. Mit der Zeit können Leckerlis die Pfunde anhäufen und ein Loch in dein Budget reißen. Diese Art des Trainings erfordert

*Foto Von
Lily House*

jedoch zunächst primäre Verstärkungen, um den sekundären Verstärkungen Bedeutung zu verleihen.

Ein Clicker ist zum Beispiel ein kleines Gerät, das einen Ton abgibt, wenn du den Knopf drückst. Wenn du mit dem Clickertraining beginnst, gib deinem Hund ein Leckerli und einen Klick, wenn er etwas Gutes tut. Wiederhole den Vorgang, bis dein Hund lernt, dass ein Klick als Belohnung gedacht ist. Dann kannst du deinem Hund nur einen Klick geben, wenn er gut war, und Leckerlis können zwischendurch verwendet werden.

Das Gleiche kann mit einem Sprachsignal gemacht werden. „Ja" ist ein häufiges, weil es kurz und präzise ist. Wenn dein Hund sitzt, sag „Ja" und gib ein Leckerli. Mit der Zeit wird dein Hund lernen, dass dein verbales Signal bedeutet, dass er einen guten Job macht. Auf diese Weise kannst du ihn belohnen, ohne ihm Futter zu geben, falls du einmal kein Leckerli zur Hand hast.

Gefahren negativer Verstärkungen

Negative Verstärkungen sind Teil der operanten Konditionierung, aber du kannst dich entscheiden, sie bei deinem Hund nicht anzuwenden. Es gibt eine schmale Grenze zwischen Selbstkorrektur und Bestrafung, und du solltest diese nicht überschreiten.

Cockapoos sind sensible Hunde, daher benötigen sie weniger wahrscheinlich negative Verstärkungen. Tatsächlich kann diese Art des Trainings mehr schaden als nützen. Ihre Sensibilität bezieht sich auf ihre Interaktionen mit dir. Sie reagieren wahrscheinlich auf deine Freude oder deinen Ärger. Wenn sie dein Verhalten als Ärger wahrnehmen, könnten sie Angst vor dir bekommen. Es gibt einige Rassen, denen es kaum etwas ausmacht, wenn du verärgert über sie bist – der Cockapoo gehört nicht dazu. Diese kleinen Kerle wollen einfach nur ihren Besitzer glücklich machen, also wenn du etwas tust, das zeigt, dass du verärgert bist, könnten sie auch verärgert werden.

Schmerz ist eine negative Verstärkung und sollte bei Hunden nicht angewendet werden. Dies kann zu Angst führen, was deinen Trainingserfolg ruinieren wird. Einen Hund zu schlagen wird ihm nicht unbedingt beibringen, schlechtes Verhalten zu vermeiden. Stattdessen wird es deinem Hund beibringen, dich um jeden Preis zu meiden. Wenn dein Hund dich aus Angst meidet, wird er deine Trainingslektionen weniger wahrscheinlich aufnehmen. Du möchtest, dass dein Hund dir vertrauen und sich bei dir sicher fühlen kann. Sobald du mit negativen Verstärkungen zu weit gehst, gibst du deinem Hund einen Grund, dir überhaupt nicht zu vertrauen.

Einen Trainer engagieren und Kurse besuchen

Einen Trainer zu engagieren oder Kurse zu besuchen ist absolut vorteilhaft für das Training deines Hundes. Selbst wenn du eine allgemeine Vorstellung davon hast, wie man einen Hund trainiert, kann ein Experte deine Trainingspraxis wirklich verbessern. Du könntest auf Probleme stoßen, die du nicht zu lösen weißt, denen dein Trainer aber schon viele Male begegnet ist. Wahrscheinlich hast du in deinem Leben nur mit wenigen Hunden gearbeitet. Trainer hingegen arbeiten jeden Tag mit mehreren Hunden. Mit ihrer Erfahrung helfen sie dir bei allen Problemen, die unterwegs auftreten, und wissen, wie sie dich beruhigen können, wenn dich das Verhalten deines Hundes stresst. Zudem sind Gruppenkurse großartig, um deinem Hund zu helfen, mit anderen zu sozialisieren. Dein Hund muss während des Unterrichts nicht unbedingt zu nahe an die anderen Hunde herankommen, aber er muss sich genug entspannen, um mit vielen Hundeablenkungen um ihn herum zu lernen. Wie du feststellen wirst, wenn du mit deinem Hund arbeitest, ist es eine Sache, ohne Ablenkungen zu trainieren, und eine andere, an einem fremden Ort mit vielen Menschen und Hunden um dich herum zu trainieren.

Es gibt viele Trainer zur Auswahl, und alle haben leicht unterschiedliche Vorstellungen davon, wie man einen Hund am besten trainiert. Einige sind gut, während andere nicht die richtige Wahl für dich und deinen Hund sein werden. Wenn du völlig ratlos bist, wo du anfangen sollst, sprich mit einem anderen Hundebesitzer und bitte um Empfehlungen. Du wirst jemanden wollen, der an positive Trainingspraktiken glaubt und von anderen weithin empfohlen wird. Du vertraust dieser Person im Wesentlichen an, das Beste für deinen Hund zu tun, also willst du den richtigen Trainer für die Aufgabe. Wenn der Trainer zu sehr auf seltsame Taktiken fokussiert ist und sehr streng mit Hunden umgeht, könnte er zu hart für einen Cockapoo sein. Aber wenn der Trainer nur positive oder sehr sanfte Korrekturen verwendet, ist er wahrscheinlich am besten geeignet, mit dir zusammenzuarbeiten, während du deinen Hund trainierst.

Verhalten des Besitzers

Vergiss nicht, dass dein Hund dich ständig beobachtet und versucht, deine Reaktionen auf sein Verhalten zu verstehen. Er wird bald verstehen, wann du glücklich und wann du wütend bist. Diese Rasse liebt es, dich glücklich zu sehen. Sie sind Begleittiere und wollen immer an deiner Seite sein. Wenn du während des Trainings wütend auf sie bist, weil du von ihrem Verhalten frustriert bist, werden sie nicht mehr trainieren wollen. Wenn du jedoch mit einem kleinen Wesen mit eigenem Willen zu tun hast, wirst du unweigerlich frustriert werden.

Um dieser Frustration entgegenzuwirken, denk daran, dass dein Hund kein kleiner Mensch ist. Sie lernen und verstehen Dinge nicht auf die gleiche Weise wie wir. Für uns ist es offensichtlich, dass unerwünschtes Verhalten schädlich sein kann. Für einen Hund handeln sie einfach aus Instinkt und werden dies weiterhin tun, bis sie es anders lernen.

Denk auch daran, dass Training nicht über Nacht geschieht. Wenn du einen Tag lang an einem Kommando arbeitest und dein Cockapoo es einfach nicht versteht, ist das völlig normal. Du musst vielleicht monatelang jeden Tag dasselbe Kommando üben, bevor er es auf Abruf ausführen kann. Gib nicht auf, weil die Dinge schwierig erscheinen. Bitte stattdessen einen Experten um Hilfe und übe weiter.

Wenn du deine Enttäuschung oder Frustration nicht verbergen kannst, mach eine Pause. Es lohnt sich nicht, so aufgebracht zu werden, dass du am Ende deinen Hund anschreist. Wenn du spürst, dass deine Emotionen außer Kontrolle geraten, tritt einen Schritt zurück mit der Absicht, die Dinge wieder aufzunehmen, wenn alle die Chance hatten, sich abzukühlen. Training ist wichtig, aber nicht so wichtig wie die enge Bindung zwischen dir und deinem Cockapoo.

Hundetraining ist keine leichte Aufgabe. Es erfordert Wissen, Übung und eine gute Einstellung. Besonders wenn du neu in der Hundehaltung bist, dauert es eine Weile, wie ein Hund zu denken. Sie haben ihre eigenen Ideen und Eigenheiten, die für Menschen völlig fremd sind. Aber sobald du herausgefunden hast, was sie motiviert, bist du auf dem Weg zu einem gut trainierten Hund. Sei beim Training beharrlich, ruhig und positiv, und dein Cockapoo wird diese gemeinsame Zeit genießen.

KAPITEL 11
Umgang mit unerwünschtem Verhalten

„Cockapoos können anfangs schnappen, was sie auch bei ihren Wurfgeschwistern tun und was als Beißen wahrgenommen werden kann. Es kann auch durch den Zahnwechsel verursacht werden. Lenke das Verhalten in andere Bahnen. Wenn sie längere Zeiträume der ‚Isolation' erleben (natürlich nicht in der Nacht), können sie das als Trennung empfinden, was zu Angstzuständen führen kann. Sei konsequent."

Jeanne Davis
Windhorse Offering

Jeder wünscht sich einen wohlerzogenen Hund. Wenn du zu Hause entspannst, möchtest du sicherlich, dass dein Hund ruhig und kuschelig ist. Wenn du Spaß mit deinem Hund haben willst, soll er mit dir spielen und spazieren gehen. In der Öffentlichkeit wünschst du dir einen freundlichen Hund, der auf dich hört. Und in allen anderen Situationen soll sich dein Hund benehmen und nicht alles zerstören, was du besitzt. Leider ist kein Hund perfekt, und früher oder später wirst du auf Probleme mit dem Verhalten deines Hundes stoßen. Dieses Kapitel soll dir helfen, das unartige oder verwirrende Verhalten deines Hundes zu verstehen und einen Plan zu entwickeln, um es in den Griff zu bekommen.

Was ist schlechtes Verhalten bei Hunden?

Es ist schwierig, eine genaue Definition von schlechtem Verhalten zu geben, da es größtenteils von den Vorlieben des Besitzers abhängt. Ein Besitzer hat vielleicht kein Problem damit, wenn sein Hund zu jeder Tageszeit bellt, während andere das überhaupt nicht tolerieren können. Als Hundehalter musst du entscheiden, wie sich dein Hund verhalten soll, und dann die nötigen Schritte unternehmen, um dieses Verhalten zu fördern.

Viele Verhaltensauffälligkeiten lassen sich auf lästige Angewohnheiten, zerstörerische Tendenzen und gefährliches Verhalten zurückführen.

Foto Von
Sue Walters

Die Bandbreite kann sehr groß sein, aber selbst das kleinste Fehlverhalten kann für Unfrieden in deinem Zuhause sorgen.

Lästiges Verhalten ist solches, das nicht unbedingt ernsthaften Schaden anrichtet, aber unhöflich ist. Bellen, Menschen anspringen und sich vor der Haustür drängen sind einige Verhaltensweisen, die Hundebesitzer in den Wahnsinn treiben. Wenn dein Hund jedes Mal bellt, wenn jemand an deinem Haus vorbeigeht, wird das niemanden ernsthaft verletzen. Wenn es einmal passiert, ist es auch nicht so schlimm. Aber wenn es ständig vorkommt, wird das Verhalten zum Problem. Wenn du nicht eingreifst, könnte dein Hund jeden Tag stundenlang bellen. Du wirst nie ein ruhiges Telefonat führen oder die ganze Nacht durchschlafen können. Wenn du in einer Wohnung lebst, störst du alle anderen Bewohner deines Gebäudes. Es kann zu einem ernsthaften Problem werden, wenn es nicht sofort erkannt und richtig behandelt wird.

Zerstörerisches Verhalten ruiniert dein Eigentum und macht es unmöglich, deinen Hund unbeaufsichtigt zu lassen. Wir alle haben ein geschäftiges Leben, das manchmal erfordert, dass wir das Haus verlassen. Wenn dein Hund darauf besteht, alles, was dir gehört, zu zerkratzen, zu kauen und zu bepinkeln, wirst du Probleme bekommen, wenn du nicht einmal zum Supermarkt gehen kannst, ohne bei deiner Rückkehr Zerstörung vorzufinden. Wenn die Dinge schlimm genug werden, fragst du dich vielleicht, ob du überhaupt weiterhin für deinen Hund sorgen kannst, besonders wenn du in einer Mietwohnung lebst.

Schließlich haben manche Besitzer Probleme mit aggressiven Hunden, die Menschen und andere Tiere bedrohen. Dies ist bei weitem das schwerwiegendste Fehlverhalten. Du könntest einen frechen Hund mit starkem Jagdtrieb haben, der deine Katzen jagen will. Oder du hast einen Hund, der im Hundepark zu rau spielt und versucht, mit anderen Hunden zu kämpfen. Oder dein Hund ist zwar gut zu dir, beißt aber andere Menschen, die ihn streicheln wollen. In jedem Fall können diese Verhaltensweisen dazu führen, dass ein Hund in einem Tierheim abgegeben wird oder Schlimmeres. Andere Verhaltensweisen können mit der Zeit vom Besitzer in den Griff bekommen werden, aber in jeder Situation, in der dein Hund ein anderes Lebewesen gefährdet, ist sofortige professionelle Hilfe erforderlich.

Die Ursache des Problems finden

Dein Hund benimmt sich nicht schlecht, weil er ein schlechter Hund ist. Es gibt viele Gründe, warum Hunde die Dinge tun, die sie tun. Es ist deine Aufgabe, wie ein Hund zu denken und seine Motivationen zu verstehen.

Manchmal handelt dein Hund einfach aus natürlichen Instinkten heraus. Wenn dein Cockapoo kleineren Tieren hinterherjagt, liegt das wahrscheinlich daran, dass Pudel ursprünglich zur Rattenjagd gezüchtet wurden und er einfach versucht, seinen Job zu machen. Oder vielleicht gräbt er in deinem Garten, weil es draußen heiß ist und der Bau, den er anlegt, ihm hilft, kühl zu bleiben. Oder dein Welpe nagt an deinen Tischbeinen, weil er zahnt und sein Zahnfleisch schmerzt. Bevor du deinen Hund schimpfst, stelle sicher, dass alle seine Bedürfnisse als Hund erfüllt werden. Es besteht die Möglichkeit, dass er etwas Lästiges tut, weil es in seiner Natur liegt, es zu tun.

Ein weiterer Grund, warum Hunde ungezogen sind, ist Langeweile. Besonders bei intelligenten Rassen wie dem Cockapoo können Hunde aus der Reihe tanzen, weil sie nicht genug Unterhaltung oder geistige Anregung bekommen. Diese Hunde lieben es zu spielen und herausgefordert zu werden. Wenn niemand da ist, um mit ihnen zu spielen, erfinden sie vielleicht ihre eigenen Spiele. Zu diesen spaßigen Aktivitäten können Graben, Kauen und Zerstören von allem in Reichweite gehören. Wenn du längere Zeit von deinem Hund getrennt sein musst, versuche sicherzustellen, dass seine Bedürfnisse erfüllt sind, bevor du gehst. Gib ihm wenn möglich ein Denkspielzeug, bevor du das Haus verlässt, um ihn während deiner Abwesenheit zu beschäftigen. Wenn das für deinen aktiven Cockapoo nicht ausreicht, überlege, ob du deinen Hund in eine Hundetagesstätte bringen oder einen Hundesitter engagieren kannst, der ein wenig Zeit mit deinem Vierbeiner verbringt. Das kann teuer sein, aber nicht so teuer wie der Ersatz deiner gesamten Möbel.

Oder dein Hund könn-te zerstörerisch sein, weil er unter Trennungsangst leidet. Wie in früheren Kapiteln erwähnt, leiden einige sensible Hunde so stark unter Trennungsangst, dass sie im Haus ihr Geschäft verrichten oder deine Sachen zerstören. Wenn dein Hund ein Chaos anrichtet, wenn du nicht zu Hause bist, könnte dies die Ursache des Problems sein. Wenn andere Methoden zur Unterhaltung deines Hundes nicht funktionieren, kann dein Tierarzt möglicherweise Nahrungsergänzungsmittel oder Medikamente empfehlen, die deinem Hund helfen können, sich zu entspannen.

Foto Von
Julie Nicklin

Wenn dein Hund aggressiv ist, stelle sicher, dass er keine Angst vor anderen Menschen oder Tieren hat. Es klingt widersprüchlich, aber Angst ist der Grund, warum viele Tiere ausrasten und anderen Schaden zufügen. Eine Möglichkeit, diese Aggression zu bekämpfen, besteht darin, deinen Hund langsam an andere zu gewöhnen. Tu alles, was du kannst, damit sich dein Hund in der Nähe anderer wohler fühlt, bis zu dem Punkt, an dem Menschen oder Hunde in die Nähe deines Hundes kommen können, ohne dass er Anzeichen von Aggression zeigt. In der Zwischenzeit solltest du sicherstellen, dass dein Hund niemandem zu nahe kommt. Du musst deinen Hund ständig beaufsichtigen, bis du ihm vertrauen kannst, dass er sich benimmt. In der Zwischenzeit solltest du dir Unterstützung von einem professionellen Hundeverhaltenstherapeuten holen, um gefährliche Verhaltensweisen von Anfang an zu unterbinden.

Vorbeugung von schlechtem Verhalten

Foto Von
Jackie Massa

Es gibt einige Dinge, die du tun kannst, um allgemeines Fehlverhalten zu verhindern. Zunächst einmal solltest du sicherstellen, dass dein Hund genügend körperliche und geistige Bewegung bekommt. Ein müder Hund ist ein braver Hund, also solltest du deinen Hund aktiv halten, damit er nicht die überschüssige Energie hat, um ungezogen zu sein. Versuche, die tägliche Bewegung um mindestens eine halbe Stunde zu erhöhen. Mache längere Spaziergänge, versuche, dich etwas schneller zu bewegen, und wähle anstrengende Spiele für die Zeit zwischen den Spaziergängen.

Arbeite auch an deinen Trainingsfähigkeiten. Manchmal braucht dein Hund nur ein wenig Übung, um in den „Arbeitsmodus" zu kommen. Wenn du intensiv an den Kommandos gearbeitet hast, könnte dein Hund das Gefühl entwickeln, dass er nun eine neue Verantwortung hat, sich richtig zu verhalten. Die zusätzliche Aufmerksamkeit und Aktivität kann ausreichen, um deinen Hund von Unfug abzuhalten. Ähnlich verhält es sich mit Gruppenunterricht, der mit verschiedenen Eindrücken gefüllt ist, sodass eine Stunde im Übungsring deinen Hund für den Rest des Abends ruhig halten kann.

Versuche schließlich, bei deinem Hund eine gewisse Konsequenz zu wahren. Wenn du deinen Hund bei manchen Gelegenheiten korrigierst, wenn er bellt, achte darauf, dass du zu anderen Zeiten, wenn du keine Lust zum Training hast, nicht nachgiebig bist. Jedes Mal, wenn dein Hund sich schlecht benimmt, ist eine Lerngelegenheit. Korrigiere schlechtes Verhalten und lobe dann gutes Verhalten. Vergiss nicht, dass positive Verstärkung viel bewirkt, selbst wenn dein Hund etwas falsch macht.

Wie du deinen Hund richtig korrigierst

Das Korrigieren deines Hundes unterscheidet sich von einer Bestrafung. Das Ziel ist es, unerwünschtes Verhalten zu erkennen und seine Aufmerksamkeit auf etwas Akzeptableres zu lenken. Sobald sich das Verhalten deines Hundes geändert hat, musst du das gute Verhalten verstärken. Auf diese Weise kannst du deinem Hund beibringen, wie er sich im Rahmen seiner natürlichen Instinkte oder Wünsche verhalten soll.

Nehmen wir zum Beispiel an, dass dein Cockapoo beim Klingeln der Türklingel zur Haustür rennt und unaufhörlich bellt. Dies kann ein sehr lästiges Verhalten sein und dazu führen, dass deine sich vor deinem Hund erschrecken. Natürlich möchtest du ihn vom Bellen abhalten, aber Anschreien scheint nicht zu helfen. Tatsächlich bringt es ihn nur dazu, noch mehr zu bellen.

Anstatt deinen Hund anzubellen, tu etwas, um seine Aufmerksamkeit zu erregen. Ein lautes Klatschen, eine Dose mit Steinen oder ein strenges „Nein" sollte hoffentlich ausreichen, um ihn für einen kurzen Moment zu verwirren. In dieser Zeit gibst du deinem Hund ein Kommando. „Auf deinen Platz" ist in dieser Situation gut geeignet, aber ein „Sitz" oder „Platz" reicht auch aus. Tu etwas, das seinen Kopf umleitet und ihm eine Aufgabe gibt. Wenn er diese Aufgabe mit deiner Hilfe erfüllen kann, gib ihm viele Leckerlis und Zuneigung. Du kannst dies jedes Mal üben, wenn jemand an die Tür kommt. Mit genügend Arbeit solltest du an den Punkt kommen, an dem dein Hund die Türklingel hört und sich automatisch auf seinen Platz legt, ohne dass Belohnungen nötig sind.

Natürlich ist das alles leichter gesagt als getan. Es erfordert viel harte Arbeit, das Verhalten deines Hundes zu ändern. Deshalb ist es so wichtig, deinen Welpen von Anfang an richtig zu sozialisieren und zu trainieren, damit er gar nicht erst die Gelegenheit bekommt, schlechte Angewohnheiten zu entwickeln. Wenn du jedoch einen Hund adoptierst, der bereits Zeit hatte, schlechte Angewohnheiten zu entwickeln, wirst du vielleicht die Hälfte deiner Trainingszeit damit verbringen, diese Eigenheiten zu korrigieren.

Wann du einen Profi rufen solltest

Manchmal haben wir einfach nicht die Erfahrung oder das Fachwissen, um mit dem Problem umzugehen. Das problematische Verhalten deines Hundes könnte an einen Punkt gelangen, an dem du einfach nicht mehr weißt, was du tun sollst. Wenn du am Ende deiner Kräfte bist, suche dir eine hilfreiche Ressource. Ein Trainer, Tierarzt oder Züchter kann dir vielleicht den richtigen Weg weisen. Andernfalls wird sich das Verhalten so weit verschlimmern, dass du deinen Hund möglicherweise nicht mehr in deinem Zuhause behalten kannst. Wenn dein Hund eine Gefahr für andere darstellt, brauchst du natürlich sofortige Hilfe. Einige Hundetrainer kommen sogar zu dir nach Hause, sodass du dir keine Sorgen machen musst, deinen Problemhund in die Öffentlichkeit zu bringen. Egal wie winzig oder unbedeutend das schlechte Verhalten erscheint, es lohnt sich immer, an positiven Wegen zur Korrektur des Verhaltens zu arbeiten, denn das wird deine Beziehung zu deinem Hund so viel besser machen!

Es kann äußerst frustrierend sein, wenn dein Hund nervig, zerstörerisch oder regelrecht gefährlich ist. Jeder wünscht sich, dass sein Hund ein perfekter Vierbeiner ist. Gutes Benehmen erfordert jedoch viel Arbeit. Hunde sind nicht von Natur aus höflich. Sie stellen gerne ihre eigenen Regeln auf, wenn sie damit durchkommen. Es ist deine Aufgabe als Besitzer, deinen Hund im Auge zu behalten und schlechtes Verhalten zu stoppen, bevor es zur Gewohnheit wird. Es kann schwierig sein, gegen ihre seltsamen Ideen anzukämpfen, aber es gibt zahlreiche Ressourcen, die dir dabei helfen können.

KAPITEL 12
Grundkommandos

„Cockapoos sind in der Regel recht einfach zu trainieren. Ich empfehle neuen Besitzern, einen grundlegenden Welpenkurs zu besuchen, sobald der Welpe durch die üblichen Impfungen geschützt ist. Die Besitzer profitieren davon, Trainingstechniken im Grundgehorsamkurs zu erlernen. Es wird die Erfahrung bei der Aufzucht eines Welpen deutlich verbessern."

Linda S. Oberling
Cockapoos aus Überzeugung

Cockapoos sind erstaunliche, intelligente Hunde, die so viele tolle Dinge lernen können. Wenn du hart am Training arbeitest, gibt es keine Grenzen für das, was dein Hund lernen kann. Wenn du gerade erst mit deinem neuen Hund anfängst, ist es gut, einige Grundlagen zu beherrschen, bevor du zu den spaßigen Tricks übergehst. Dieses Kapitel behandelt einige der wichtigsten Grundkommandos, die du deinem Hund beibringen solltest, und gibt dir ein paar Tipps und Tricks, die dir dabei helfen.

Vorteile einer richtigen Ausbildung

Es gibt so viele Gründe, deinen Hund im Grundgehorsam zu trainieren. Gut ausgebildete Hunde sind im Allgemeinen sicherer, höflicher und weniger hyperaktiv als Hunde, die sich selbst überlassen werden. Training ist eine gute Möglichkeit, den Geist deines Hundes aktiv zu halten und verhindert, dass er sich langweilt und Unfug anstellt. Eine gute Gehorsamkeitsausbildung kann in bestimmten Situationen sogar das Leben deines Hundes retten.

Stell dir zum Beispiel eine Situation vor, in der dein Hund entkommt und du ihn zurück an deine Seite holen musst, bevor er sich verläuft oder von einem Auto angefahren wird. In dieser Situation möchtest du seinen Namen rufen und das Kommando „Komm" geben können, um ihn zurückzurufen. Dann sollte er sich an deine Seite setzen oder legen, bis du sein Halsband greifen oder die Leine wieder anlegen kannst. Wenn dein Hund jedoch keines dieser Kommandos kennt, wird er weiter umherwandern, was es schwierig macht, ihn zurückzuholen. Hoffentlich wirst

Foto Von
Sarah Spursettes

du nie in eine beängstigende Situation mit deinem Hund geraten, aber ein gutes Training könnte einen riesigen Unterschied für die Sicherheit deines Hundes machen.

Im Allgemeinen macht Gehorsamkeitstraining deinen Hund viel angenehmer im Umgang. Sobald du mit den Kommandos beginnst, wirst du viele praktische Anwendungen dafür finden. Und all diese Grundkommandos sind Voraussetzungen für schwierigere Kommandos. Sobald du einige beherrschst, kannst du mit anspruchsvolleren Tricks beginnen.

Übungsorte

Am Anfang wirst du deine Kommandos wahrscheinlich zu Hause üben. Das Zuhause ist ein guter Ort, um mit dem Üben zu beginnen, weil es vertraut ist und du die Anzahl der Ablenkungen kontrollieren kannst. Ein Raum mit ausreichend Platz zum Bewegen ist ein guter Ausgangspunkt. So konzentriert sich dein Hund auf dich und die tollen Belohnungen, die du anzubieten hast.

Allerdings solltest du irgendwann auch außerhalb des Hauses üben. Du möchtest, dass deine Kommandos praktische Anwendungen im echten Leben haben, also muss dein Hund in der Lage sein, auch an unbekannten Orten zu reagieren.

Dein Hund ist vielleicht super darin, sich zu setzen, wenn ihr zu Hause seid. Tatsächlich musst du deinen Cockapoo vielleicht nicht einmal mit Leckerlis bestechen, wenn du möchtest, dass er sich setzt. Aber vielleicht gehst du in einem neuen Park spazieren und brauchst, dass dein Hund einen Moment sitzt, während du einen Anruf entgegennimmst oder deinen Schuh bindest. Wenn dein Hund noch nie an einem Ort mit vielen Ablenkungen sitzen musste, wird er die ersten Male vielleicht nicht gehorchen. Aus diesem Grund ist es wichtig, beim Training für Abwechslung bei den Orten zu sorgen.

Fang langsam an und arbeite dich zu anspruchsvolleren Orten vor. Beginne in deinem Zuhause, dann gehe zu einem vertrauten Ort draußen, wie dem Garten. Dann übe in bekannten Parks oder bei einem Freund zu Hause. Schließlich versuche, einige Kommandos auf einem Wochenmarkt oder irgendwo Unbekanntem mit vielen Ablenkungen durchzuführen. Wenn dein Hund dir unter leichtem Stress gehorchen kann, dann weißt du, dass er das Kommando beherrscht.

Clickertraining

Wie im vorherigen Kapitel erwähnt, verwenden einige Trainer gerne Clicker oder verbale Marker zusammen mit Leckerlis. Dies erfordert, dass du jedes Mal „clickst" oder einen bestätigenden Laut wie „Ja" machst, wenn dein Hund das Richtige tut. Dies ermöglicht eine größere Genauigkeit bei der Belohnung deines Hundes, du musst nicht überall Leckerlis mitführen, und du musst deinem Hund nicht so viele Belohnungen geben, wie du es vielleicht müsstest, wenn du keinen Clikker verwenden würdest.

Wenn du mit dem Clickertraining beginnst, clicke bespielsweise während du deinem Hund Leckerli gibst. Auf diese Weise verbindet dein Hund die Handlung mit der Belohnung und dem Geräusch. Verwende sowohl den Clicker als auch das Leckerli eine Weile, um sicherzustellen, dass die Verbindung hergestellt wird. Am Ende kannst du den Clicker selbst als Belohnung nutzen, statt immer Leckerlis zu geben. Der große Vorteil liegt in der Genauigkeit – das Klicken geschieht sofort und markiert den gewünschten Moment viel exakter als ein Leckerli. In dem Moment, in dem der Hintern deines Hundes den Boden berührt, kannst du einen Click geben. Wenn du mit Leckerlis arbeitest, musst du beobachten und warten, bis dein Hund sich in das Kommando eingefunden hat, bevor du das Leckerli übergibst. Wenn du an mehreren Kommandos gleichzeitig arbeitest, ist es nicht einfach, deinen Fortschritt zu unterbrechen, um deinen Hund zu belohnen. Mit einem Clicker kannst du so viele Belohnungen wie du möchtest mit Präzision verteilen.

Ein weiterer Vorteil der Genauigkeit: Dein Cockapoo wird die Kommandos anfangs nicht perfekt ausführen. Verwendest du Leckerlis, kann es passieren, dass du sie im falschen Moment gibst und dadurch versehentlich das falsche Verhalten verstärkst. Ein Clicker kann deinem Hund zeigen, dass er auf dem richtigen Weg ist, indem er die richtige Bewegung verstärkt. Wenn du deinem Hund beispielsweise beibringst, sich zu rollen, musst du ihm zuerst das Kommando „Platz" beibringen. Beim Clickertraining könntest du deinem Hund einen Click geben, wenn er die Platz-Bewegung macht, auch wenn er nicht die vollständige Rolle schafft. Mit dieser Methode versteht dein Hund, dass „Platz" ein wichtiger Teil des „Roll dich"-Prozesses ist, auch wenn er das gesamte Kommando noch nicht ganz verstanden hat.

Ein Nachteil der Clickermethode ist, dass du deinen Clicker immer zum Training dabei haben musst. Für manche Besitzer ist das kein Problem. Für andere kann es schwierig sein, sich daran zu erinnern, das kleine Gerät überall hin mitzunehmen. Aus diesem Grund kannst du dich dafür entscheiden, einen verbalen Hinweis wie „Ja" oder „Gut" oder welches auch immer bestätigende Geräusch zu verwenden, das deinem Hund signalisiert, dass er das tut, was du von ihm möchtest. Sobald du dich jedoch für ein Geräusch entschieden hast, bleibe dabei. Andernfalls wirst du Verwirrung stiften.

Grundkommandos

Es gibt viele Kommandos, die du deinem Cockapoo beibringen kannst, aber einige sind definitiv wichtiger als andere. Es wird später noch viel Zeit geben, an lustigen Tricks zu arbeiten, also halte dich zunächst an die Grundkommandos. Die folgenden fünf Kommandos sind die Bausteine, auf denen du deinen Hund im Gehorsam trainieren wirst. Sobald du alle fünf beherrschst, wirst du feststellen, dass das Leben mit deinem Hund so viel einfacher ist, weil du endlich ein wenig Kontrolle über seine verrückten Ideen hast. Sobald du diese Kommandos beherrschst, übe sie weiterhin während des gesamten Lebens deines Hundes und baue auf seinem Wissen mit fortgeschritteneren Kommandos auf.

Sitz

Dies ist vielleicht das erste Kommando, das du deinem Hund beibringen wirst, weil es für Cockapoos durchzuführen ist und für dich leicht zu lehren ist. Dieses Kommando kann in so vielen verschiedenen Szenarien verwendet werden. Wenn du möchtest, dass dein Hund einen Moment wartet oder sich beruhigt, ist Sitz ein gutes Kommando, um ihn ruhig und still zu halten.

Um dieses Kommando zu lehren, sollte dein Hund in einer stehenden Position sein. Halte ein Leckerli in deiner Hand und bewege es über und leicht hinter seine Nase. Er sollte dem Leckerli mit seiner Nase folgen, was ihn natürlich zum Sitzen bringt. Wenn das nicht funktioniert, kannst du sanft deine Hand auf

Foto Von
Diana Gregory

105

seinen Hintern legen und leichten Druck ausüben, um ihm zu zeigen, was du von ihm möchtest. Sobald er in der Sitzposition ist, gib ihm ein Leckerli und viel Lob. Nachdem du die Bewegung gemeistert hast, beginne das Kommando „Sitz" hinzuzufügen, bevor er sich setzt. Wenn er dieses Kommando ausführt, ist die Implikation, dass er sitzen bleibt, bis du ihm weitere Kommandos gibst oder ihn durch „Okay" freigibst.

Foto Von
Christine Kirby

Platz

Sobald du Sitz beigebracht hast, solltest du Platz versuchen. Dies ist etwas schwieriger als das Sitz-Kommando, weil dein Hund vielleicht nicht natürlich auf Kommando auf dem Boden liegen möchte. Aber es ist nützlich für Zeiten, in denen du möchtest, dass dein Hund sich etwas länger entspannt, als du ihn in ein „Sitz" bringen würdest. Es dauert auch etwas länger, bis sie aus einer Platz-Position in Aktion springen können, so dass es ihnen, wenn es mit einem Bleib kombiniert wird, mehr Zeit gibt, sich zu entspannen.

Um dies zu lehren, beginne mit deinem Hund in der Sitz-Position. Halte das Leckerli vor seine Nase und bewege es dann langsam zum Boden. Er wird dem Leckerli mit seiner Nase folgen, aber wenn es zu nah am Boden ist, wird er seinen Körper natürlich senken. Du solltest erreichen, dass dein Hund ganz auf den Boden geht. Wenn er nur teilweise runtergeht, ist es für ihn leicht, wieder hochzuspringen. Sobald er auf dem Boden ist, gib ihm sein Leckerli und Lob.

Wenn er Schwierigkeiten hat, der Belohnung zu folgen, kannst du versuchen, ihn sanft mit seiner Leine in Position zu bringen. Versuche nicht, zu ziehen oder ihn nach unten zu zwingen. Stattdessen übe sanft Druck nach unten auf die Leine aus, während du das Leckerli vor seinem Gesicht bewegst, um ihm zu zeigen, wie er in die Platz-Position kommt. Sobald du ihn dort hast, wo du ihn haben möchtest, gib ihm Leckerlis und Lob.

Bleib

Dieses Kommando kann schwierig zu lehren sein, besonders wenn du einen aktiven Welpen mit einer kurzen Aufmerksamkeitsspanne hast. Es kann jedoch praktisch sein, wenn dein Welpe gerne herumstreift und in Schwierigkeiten gerät. Das Bleib-Kommando ist hilfreich, weil dein Hund, wenn er es korrekt befolgt, ruhig an Ort und Stelle verharrt, bis du ihm neue Anweisungen gibst. Wenn du dich in einer Situation befindest, in der du deinen Hund für einen Moment verlassen musst und nicht möchtest, dass er dir folgt, wird dieses Kommando äußerst nützlich sein.

Um dies zu lehren, beginne mit deinem Hund in der Sitz-Position. Dies gibt ihm den Hinweis, dass er eine bestimmte Aktion ausführen soll. Platziere deine Hand vor seinem Gesicht wie ein Stoppschild und sage „Bleib". Gehe einige Schritte zurück, während du deine Handfläche ausstreckst, halte einen Moment inne und kehre dann zurück. Wenn er bei deiner Rückkehr immer noch bewegungslos ist, gib ihm seine Belohnung. Wenn er die Position verlässt, bringe ihn zurück in ein „Sitz" und „Bleib" und versuche es erneut.

Wenn du anfängst, entferne dich nicht mehr als ein paar Schritte. Natürlich werden sie dir folgen wollen. Baue mit der Zeit die Distanz zwischen dir und deinem Welpen auf. Du kannst auch herausfordernde Variablen hinzufügen, wie deinen Rücken zu deinem Hund zu drehen, den Raum zu verlassen und sogar, um ihn herumzugehen. Wenn du lange Distanzen in ablenkenden Umgebungen üben möchtest, kaufe eine 6-Meter-Leine, um deinem Hund etwas mehr Abstand zu geben, während du immer noch etwas Kontrolle über ihn behältst.

Wenn dein Hund Schwierigkeiten hat, stillzustehen, übe dieses Kommando an der Leine. So kannst du die Leine fallen lassen und einen Fuß daraufstellen, wenn er anfängt aufzustehen. Dies sollte sich „selbst korrigieren" und es für ihn schwieriger machen, sich zu bewegen. Oder du möchtest vielleicht sogar langsamer beginnen, indem du ihn in ein Bleib bringst und dich einfach von seiner Seite vor ihn bewegst. Dann, sobald er stillhalten kann, stell dich ihm gegenüber und gehe rückwärts. Anfangs wird dein Cockapoo dir folgen und an deiner Seite bleiben wollen. Mit der Zeit wird er verstehen, dass du zurückkehren wirst, und sich etwas entspannen.

Komm

In der Lage zu sein, deinen Hund zurückzurufen, ist so wichtig. Gelegentlich wird dein Hund etwas tun, was er nicht tun sollte, und du wirst einen Weg finden müssen, um ihn nahe an deine Seite zu bekommen. Oder du könntest in eine gefährliche Situation geraten und musst deinen Hund schützen oder ihn aus dem Weg halten. Wenn dein Cockapoo gerne wandert, kann das Komm-Kommando sein Leben retten.

Um dies zu lehren, bringe deinen Hund in eine „Sitz" und „Bleib" Position. Wenn du ein paar Meter entfernt bist, rufe deinen Hund zu dir. Wenn du ein Leckerli in der Hand hast, wird dein Cockapoo wahrscheinlich deine begeisterte Stimme hören, deine offenen Arme sehen und auf dich zugestürmt kommen. Wenn dein Hund zu dir kommt, lege eine Hand an sein Halsband, damit er nicht wegläuft, und gib ihm ein Leckerli.

Wenn er nicht direkt auf dich zuläuft, versuche, ihn mit der Leine anzustupsen. Wenn dein Hund im Sitz und Bleib ist, nimm die Leine mit dir und rufe deinen Hund. Wenn er nicht sofort zu dir kommt, gib einen sanften Zug. Dies sollte seine Aufmerksamkeit auf dich lenken und ihn dazu bringen, sich dir zu nähern. Dann wird er eher geneigt sein, zu dir zu kommen, wenn du mit Leckerlis und Lob auf ihn wartest.

Weil du möchtest, dass dein Hund jedes Mal zu dir kommt, vermeide es, ihn zu rufen, wenn du ihn nur anschreien wirst. Unsere Hunde tun Dinge, die uns frustrieren, aber das Komm-Kommando sollte nicht ver-

Foto Von
Michael Hibberd

wendet werden, um deinen Hund zur Bestrafung zu rufen. Wenn dein Hund lernt, dass das Reagieren auf „Komm" nicht immer eine positive Erfahrung ist, wird er es nicht tun wollen. Wenn er einen unzuverlässigen Rückruf hat, reagiert er vielleicht nicht auf dich, wenn es wirklich zählt. Aus diesem Grund, wenn dein Hund zu dir kommt, stelle sicher, dass du ihm viel Zuneigung und Lob gibst, damit er dies weiterhin tun wird.

Leinentraining

Cockapoos lieben es, mit ihren Menschen spazieren zu gehen. Es ist eine großartige Möglichkeit, sich zu bewegen und gleichzeitig Qualitätszeit miteinander zu verbringen. Wenn dein Hund jedoch nicht sehr gut an der Leine läuft, werden Spaziergänge zu einer mühsamen Aufgabe, die dich frustrieren wird. Von dem Moment an, in dem du die Leine an das Halsband deines Hundes klickst, ist es Zeit, gute Gehgewohnheiten zu üben. Je mehr du mit deinem Hund in den ersten Tagen an der Leine trainierst, desto glücklicher wirst du auf lange Sicht sein. Es ist nicht natürlich für Hunde, direkt neben dir an der Leine zu laufen, besonders wenn sie neugierig sind und gerne erkunden. Viel Qualitätstraining ist notwendig, um deinem Hund beizubringen, wie er sich bei Spaziergängen höflich verhält.

Zu Beginn sollte dein Hund auf deiner linken Seite positioniert sein. Er sollte in einer Linie mit dir laufen, nicht zu weit vorne und nicht hinterherhinkend. Es sollte keine Spannung in der Leine sein; sie sollte locker zwischen euch hängen. Wenn du anhältst, sollte dein Hund anhalten und sich neben dich setzen. Wenn du dich umdrehst, sollte dein Hund sich mit dir drehen, beschleunigen oder verlangsamen, um an deiner linken Seite zu bleiben. Leichter gesagt als getan, oder?

Es braucht eine Menge Übung, um deinen Hund dazu zu bringen, schön zu laufen. Manchmal wirst du das Gefühl haben, einen Drachen steigen zu lassen, weil dein Hund sich so unberechenbar um dich herumbewegt. Es kann schnell vorkommen, das du am liebsten das Training aufgeben würdest und deinem Hund die Kontrolle übernehmen lassen, während er seine Bewegung bekommt, aber dieses Verhalten wird sehr schnell alt werden. Gutes Leinentraining wird deinen Hund im Zaum halten und Spaziergänge viel angenehmer machen.

Bevor du auf deinen Spaziergang gehst, bringe deinen Hund dazu, sich auf deine linke Seite zu setzen. Dies ist eine nette Art zu sagen: „Ich habe hier das Sagen, und wir werden die Dinge auf meine Weise tun." Halte das Ende der Leine mit deiner rechten Hand und lasse deine linke Hand die Leine hinuntergleiten, um deinen Hund nahe zu halten. Halte auch viele Leckerlis bereit, denn du wirst jedes Mal Belohnungen verteilen müssen, wenn dein Hund schön läuft.

Sage „Los geht's" und mache ein paar Schritte vorwärts. Wenn er neben dir läuft, ohne zu ziehen, gib ihm viel Lob und ein Leckerli. Es hilft, mit deinem Hund zu sprechen, während du läufst, damit seine Aufmerksamkeit auf dir liegt und nicht auf all den Ablenkungen um ihn herum. Erzähle ihm, wie gut er sich benimmt. Wenn er anfängt zu ziehen oder abgelenkt wird, gib einen schnellen Zug an der Leine, um ihn daran zu erinnern, was er tun muss. Ziehe nicht zu stark oder schleppe deinen Hund nicht. Stattdessen wird ein schneller Ruck helfen, ihn in Schach zu halten, ohne ihn zu verletzen. Wenn die Leine wieder locker ist, lobe und belohne ihn.

Neben dem Gehen übe auch, dein Tempo zu ändern. Verlangsame und weise deinen Hund an, dasselbe zu tun. Oder du kannst beschleunigen und deinen Hund wirklich in Bewegung bringen. Arbeite an Rechtskurven, Linkskurven und Kehrtwendungen. Halte plötzlich an und lass deinen Hund neben dir sitzen. Weise deinen Hund an, an Kreuzungen zu warten oder einfach mitten auf dem Bürgersteig, während du deinen Schuh bindest. Integriere verschiedene Ereignisse in deinen Spaziergang, um reale Szenarien zu üben, die auf deinem Spaziergang auftreten könnten. Die ganze Zeit sollten die Schultern deines Hundes in einer Linie (oder sehr nahe) mit deinem Bein sein.

Manchmal haben Hunde wirklich Schwierigkeiten, an der Leine zu laufen. Ziehen ist ein ernstes Problem, das Spaziergänge zur Qual machen kann. Wenn dein Hund schwierig ist, gibt es verschiedene Geschirre und Halsbänder zum Ausprobieren. Wenn du ein Geschirr wählst, nimm eines mit dem Leinenbefestiger an der Vorderseite. Auf diese Weise kann dein Hund nicht ziehen, ohne sich zu dir zu drehen. Vermeide Geschirre, die von hinten angeklippt werden, denn das macht es für sie nur bequemer, dich die Straße entlang zu ziehen. Einige Trainer verwenden Stachelhalsbänder für ernste Fälle, weil es deinem Hund ermöglicht, sich selbst zu korrigieren, ohne sich zu verletzen. Es ist jedoch wichtig, positives Training neben jeder Art von Selbstkorrekturmethoden zu verwenden. Würgehalsbänder können die Kehle eines Hundes verletzen, wenn er zu stark zieht, und sollten vermieden werden. Idealerweise sollte das flache Halsband bei allen Hunden verwendet werden, aber manchmal müssen andere Maßnahmen ergriffen werden, um dich und deinen Hund bei einem Spaziergang sicher zu halten. Wenn du ernsthafte Probleme mit Spaziergängen hast, sprich mit einem Trainer, um dir mit deinem schwierigen Vierbeiner zu helfen.

Denke bei Spaziergängen daran, deinem Hund häufig Feedback zu geben. Lass ihn wissen, wann er einen guten Job macht, und korrigiere ihn, wenn er nicht so gut ist. Bringe viele Leckerlis (und vielleicht etwas Wasser) mit, wenn du auf deine täglichen Spaziergänge gehst, um deinen Hund zu ermutigen, neue Orte zu erkunden und sich von seiner besten Seite zu zeigen. Mit viel harter Arbeit wirst du die besondere Tageszeit lieben, wenn du und dein Kumpel gemeinsam etwas Zeit in der Natur genießen können.

Sobald du die Grundkommandos beherrschst, übe weiter! Noch besser ist es, wenn du auf ihrem bereits gelernten Wissen aufbaust und neue Kommandos hinzufügst. Wenn du beschäftigt bist oder Schwierigkeiten beim Training hast, ist es leicht, aufzugeben und das Gehorsamkeitstraining zu vergessen. Es ist jedoch am besten, in jungen Jahren gute Gewohnheiten zu beginnen. Auf diese Weise hat dein Hund keine Zeit, seine eigenen Regeln zu machen. Bleib dabei und denke daran, dass es viele Experten gibt, die dir helfen können, deinen Hund zum besten Cockapoo aller Zeiten auszubilden!

KAPITEL 13
Fortgeschrittene Kommandos

OSobald du die Grundkommandos gemeistert hast, ist es Zeit, zu etwas Anspruchsvollerem überzugehen! Einige dieser Kommandos sind sehr nützlich, wenn es darum geht, einen sicheren und höflichen Hund zu haben. Andere Kommandos dienen keinem wirklichen Zweck außer dem Spaß. Es gibt unzählige Kommandos, die du deinem Cockapoo beibringen kannst, aber hier sind einige, die du mit deinem pelzigen Freund ausprobieren könntest.

Lass es

Dieses Kommando wird dir mit deinem neugierigen Welpen sehr nützlich sein. Dein Cockapoo wird seine Nase in alles stecken wollen, was interessant aussieht. Obwohl es schön ist, deinem Hund zu erlauben, die Welt um euch herum zu erkunden, weißt du manchmal einfach, was das Beste für ihn ist. Dieses Kommando ist nützlich, wenn er sich auf etwas konzentriert, was er nicht sollte, wie ein Eichhörnchen, dem er nachjagen möchte, oder ein totes Tier, in dem er sich wälzen will.

Um dies zu lehren, suche ein Leckerli, das dein Hund wirklich haben möchte. Lege es auf den Boden, mit deinem Fuß in der Nähe. Natürlich wird dein Hund auf das Leckerli zugehen, um es zu fressen. Wenn er näher kommt, bedecke das Leckerli mit deinem Fuß, sodass es nicht erreichbar ist. Zeige ihm, dass er nicht einfach jedes Leckerli vom Boden fressen kann.

Versuche es erneut und fordere ihn auf, es zu lassen. Wenn er direkt auf das Leckerli zusteuert, sage „Nein" und bedecke das Leckerli. Wiederhole dies, bis er desinteressiert erscheint oder auf das Leckerli wartet. Wenn er das Leckerli erfolgreich ignoriert, markiere das Verhalten mit einem „Ja" und gib ihm das Leckerli. Dieses Kommando sollte ihm beibringen, seine Konzentration zu unterbrechen, wenn du „Lass es" sagst. Wenn dein Hund beginnt, dieses Kommando zu verstehen, kannst du ihm beibringen, nach „Lass es" auch „Nimm es" zu verstehen.

Aus

„Aus" ist ein weiteres Kommando, das deinem Hund das Leben retten kann. Hunde nehmen alles in den Mund. Manchmal sind die Dinge, die sie finden, leicht zu verschlucken oder machen sie krank. Dieses Kommando stellt sicher, dass sie sofort loslassen, wenn du sie mit etwas erwischst, das sie nicht haben sollten.

Dieses Kommando kann während der Spielzeit gelehrt werden. Wirf einen Ball und lass ihn apportieren. Wenn dein Hund ihn nicht automatisch zurückgibt, ist jetzt der Zeitpunkt, diese Fähigkeit zu lehren. Zeige deinem Hund, dass du ein Leckerli hast. Er wird es fressen wollen, kann aber nicht, weil bereits ein Ball in seinem Maul ist. Wenn das Leckerli be-

Foto Von
Liam Thompson

lohnender ist als der Ball, wird er den Ball fallen lassen, um das Leckerli zu bekommen. Wenn er das tut, sage „Gut aus!" und lobe ihn. Nach einigen Versuchen beginne, das Kommando zu verwenden, wenn er mit dem Ball zu dir kommt. Wenn er ihn auf Aufforderung fallen lässt, gib ihm das Leckerli und Lob, dann wirf den Ball als zusätzliche Belohnung wieder. Sobald dein Hund den Dreh raus hat, gehe zu verschiedenen Objekten über, bis er alles auf Kommando fallen lässt.

Schau mich an

Foto Von
Joyce Wilson

Dieses Kommando ist gut, um die Aufmerksamkeit deines Hundes zu bekommen. Das ist äußerst nützlich bei Spaziergängen, wenn du möchtest, dass dein Hund deiner Führung folgt. Es ist auch nützlich, wenn du die Aufmerksamkeit deines Hundes von etwas anderem ablenken willst, wie einem Auto, dem er nachjagen möchte. Vergessen wir nicht, dass dies auch eine nützliche Fähigkeit ist, wenn du möchtest, dass dein Hund für ein niedliches Foto in die Kamera schaut.

Beginne mit deinem Hund in der Sitzposition. Halte in jeder Hand ein Leckerli, nahe an seiner Nase, damit er weiß, worum es geht. Dann sage „Schau mich an", während du beide Hände langsam zu deiner Nase führst. Natürlich werden seine Augen dem Leckerli folgen und er wird dich direkt anschauen. Wenn er den Blick auch nur für eine Sekunde hält, bringe beide Hände nach vorne, gib aber nur ein Leckerli frei. Der Grund, warum du beide Hände benutzen solltest, ist, dass dein Hund so in die Mitte deines Gesichts schaut und nicht nur einer Hand zum Leckerli folgt.

Wenn dein Hund das verstanden hat, versuche das Kommando, ohne seinen Blick mit dem Leckerli zu deinem Gesicht zu führen. Zeige stattdessen vielleicht nur als Hinweis auf deine Nase. Dann gib deinem Hund die Leckerlis und Lob. Schließlich wirst du an den Punkt kommen, an dem dein Hund dich anstarrt, wenn du das Kommando gibst.

Pfote

„Pfote" ist ein ziemlich einfacher Trick, der Spaß macht, wenn man ihn vorführt. Beginne, indem du deinem Hund in der Sitzposition gegenüberstehst. Halte ein Leckerli in deiner Hand und platziere es dort, wo du seine Pfote treffen würdest, wenn du dabei wärst, Pfötchen zu geben. Bei manchen Hunden führt dies dazu, dass sie ihre Pfote auf deine Hand legen, um zu versuchen, das Leckerli aus deiner Hand zu schlagen. Wenn dies passiert, gib ihm deine Hand und schüttle seine Pfote. Gib ihm danach das Leckerli und viel Lob.

Wenn diese Methode nicht funktioniert, kannst du deinen Hund immer in die richtige Richtung stupsen, indem du seine Pfote aufhebst und in die gewünschte Position bringst. Füge das verbale Signal hinzu und belohne ihn, und dein Hund wird in kürzester Zeit auf Kommando Pfötchen geben.

Sitz schön

Bei diesem Kommando geht es nur um den Niedlichkeitsfaktor. Neben der Tatsache, dass dieser Trick absolut bezaubernd ist, hilft er auch der Rumpfkraft deines Hundes, falls dir so etwas wichtig ist. Wenn dein Hund diese Muskeln nicht viel benutzt hat, wird es einige Zeit dauern, bis er sich daran gewöhnt hat, wie ein Mensch zu sitzen. Dein Hund wird am Anfang wahrscheinlich etwas wackelig sein. Übe weiter, bis er die Position halten kann.

Um dieses Kommando zu lehren, lass deinen Hund in der Sitzposition beginnen. Halte ein Leckerli vor seine Nase und bewege es dann langsam nach oben und hinter seinen Kopf. Wenn er dem Leckerli mit seiner Nase folgt, wird er natürlich seinen Körper anheben, damit er nicht umkippt. Belohne ihn, wenn er sich von seinen Vorderpfoten abhebt. Übe weiter, bis dein Hund auf seinen Hinterbeinen sitzen kann, mit den Pfoten vor seinem Bauch.

Rolle/Spiel tot

Besonders wenn es mit lustigen Handbewegungen und Soundeffekten kombiniert wird, ist „Spiel tot" ein Trick, der das Publikum begeistert. Sei vorgewarnt: Wenn dein Hund seinen Bauch nicht gerne Menschen zeigt, wird dies eine Herausforderung sein. Es ist nicht für jeden Hund natürlich, sich in dieser Position wohlzufühlen.

Beginne, indem du deinen Hund in eine sitzende Position bringst. Benutze das Leckerli, um deinen Hund in die folgenden Positionen zu führen. Senke das Leckerli auf den Boden, damit er sich hinlegt. Dann drehe das Leckerli langsam um seinen Kopf, bis er auf der Seite liegt. Lobe ihn und gib die Belohnung, wenn dein Hund die gewünschte „tot"-Position erreicht. Einige Besitzer formen gerne eine Pistole mit ihrer Hand und sagen „Peng!" als Kommandowort. Andere sagen gerne „Toter Hund" oder „Spiel tot". Dein Hund wird auf alle Signale reagieren, die du ihm beibringst, also sei ruhig kreativ.

„Spiel tot" ist der halbe Weg zu „Rolle". Anstatt die Rollbewegung zu stoppen, wenn dein Hund auf die Seite kommt, drehe das Leckerli weiter für eine vollständige Rolle. Es kann einige Zeit dauern, bis dein Hund eine vollständige Umdrehung machen kann. Aber wenn er es tut, achte darauf, deinem Hund viel Lob zu geben, denn es ist ein ziemlich anspruchsvoller Trick.

Kriechen

Dies ist ein weiterer lustiger Trick, der leicht zu lehren ist, wenn dein Hund bereits Grundkommandos kennt. Du wirst viel Spaß haben, wenn du deinen Hund auf dem Boden herumwackeln siehst.

Um dieses Kommando zu lehren, beginne mit deinem Hund in der Platz-Position. Halte das Leckerli zwischen seinen Pfoten und bewege es dann langsam zu dir. Wenn du das Leckerli zu schnell bewegst, wird dein Hund wahrscheinlich wieder aufstehen. Während dein Hund auf dich zukommt, musst du ein wenig zurückweichen, damit genug Platz für deinen Hund zum Bewegen ist. Wenn dein Hund einen halben Meter oder so kriecht, gib ihm seine Belohnung. Übe weiter, während du die Distanz erhöhst, und versuche dann, ihn ohne Leckerli kriechen zu lassen.

Foto Von
Susie Thomas

Foto Von
Harriet Draper

Wettbewerbe für Cockapoos

Wenn du feststellst, dass dein Cockapoo wirklich Spaß am Gehorsam-keitstraining und am Vorführen von Tricks hat, gibt es lustige Wettbewer-be, bei denen dein Hund seine Fähigkeiten zeigen kann. Dein Hund muss kein Champion sein, um an solchen Veranstaltungen teilnehmen zu kön-nen. Erwäge, einem lokalen Hundeverein beizutreten, um Trainingshil-fe und Informationen über Veranstaltungen in deiner Nähe zu erhalten.

Gehorsamkeitswettbewerbe sind eine lustige Möglichkeit, die Fähig-keiten deines Hundes und deine Trainingsfähigkeiten zu testen. Diese Wettbewerbe führen dich und deinen Hund durch eine Reihe von Her-ausforderungen. Von deinem Hund wird erwartet, dass er schön an der Leine läuft und sitzen und bleiben kann, während viele andere Hunde um ihn herum sind. Einige Hunde lieben es wirklich, in den Ring zu gehen und ihr Können zu zeigen. Wenn dein Hund also gut im Gehorsamkeits-training ist, könnte es eine lustige Aktivität für euch beide sein.

Nasenarbeit ist eine weitere lustige Art des Trainings, welches du durchführen kannst und dabei bei Wettbewerben teilnehmen kannst. Diese Aktivität ist eine Art Drogen- oder Sprengstoffschnüffeln, aber ohne die Drogen oder Sprengstoffe! Stattdessen wirst du kleine Behälter

117

mit ätherischen Ölen verwenden, um deinem Hund beizubringen, wie man verschiedene Behälter erschnüffelt und identifiziert. Dies ist eine großartige Möglichkeit, etwas geistige Energie zu verbrennen, besonders wenn das Wetter es nicht erlaubt, viel Zeit draußen zu verbringen.

Agility-Wettbewerbe können auch viel Spaß für einen Cockapoo machen. Die Wettbewerbe sind in Klassen nach Hundegröße unterteilt, sodass dein kleiner Hund nicht gegen einen großen, schnellen Hund antreten muss. Der leicht zu trainierende und energiegeladene Cockapoo kann bei dieser Veranstaltung gut abschneiden, weil er den Anweisungen seines Besitzers folgen und durch eine Reihe von Hindernissen rennen muss. Es könnte einige Kurse dauern, bis dein Hund herausfindet, wie man die Aktivität ausführt, aber sobald dein Cockapoo den Parcours gemeistert hat, kannst du gegen andere Hunde und Besitzer antreten, um den Parcours am schnellsten zu absolvieren und den Preis mit nach Hause zu nehmen.

Wenn du diese fortgeschrittenen Kommandos problemlos meistern kannst, dann hör nicht hier auf! Sobald du die Grundlagen des Beibringens von Kommandos verstanden hast, kannst du deine Kreativität nutzen, um coole Tricks zu entwickeln, die du nicht im Wettbewerbsring finden wirst. Du könntest deinem Cockapoo beibringen, wie man Türen öffnet oder sogar ein Getränk aus dem Kühlschrank holt. Wenn es um positive Verstärkung geht, kannst du deinem Hund fast alles beibringen.

KAPITEL 14
Reisen mit Cockapoos

*„Die meisten Cockapoos vertragen reisen sehr gut. Es gibt Ausnah-
men und einige wenige bekommen vielleicht Reiseübelkeit. Allerdings
höre ich oft Berichte, dass die Besitzer sie zum Camping, Angeln, Strand-
wandern, Wandern auf Pfaden, Schwimmen usw. mitnehmen."*

Linda S. Oberling

Cockapoos aus Überzeugung

Es wird der Tag kommen, an dem du mit deinem Cockapoo das
Haus verlassen musst. Ob du nun quer durchs Land umziehst
oder nur zum Tierarzt fährst – dein Hund muss von seinem vertrauten
Zuhause weg transportiert werden. Für manche Hunde kann das sehr
stressig sein. Für andere ist es ein Riesenspaß. Der Unterschied liegt
hauptsächlich in der Vorbereitung und deiner Einstellung zum Reisen
mit deinem Vierbeiner. Dieses Kapitel enthält einige Informationen, die

Foto Von
Angela McCartney Prentice

Foto Von
Nicola Welch

hoffentlich dazu beitragen, dass dein Hund glücklich und sicher ist, wenn es darum geht, mit dir auf Abenteuer zu gehen!

Hundeboxen und Sicherheitsgurte

Wenn du darauf bestehst, dass deine Autopassagiere Sicherheitsgurte tragen, sollte dein Hund keine Ausnahme sein. Bei einem Autounfall wird dein Hund zum Geschoss und kann schwer verletzt werden. Es braucht nicht viel Geschwindigkeit oder Aufprall, damit dein Hund nach vorne geschleudert oder aus dem Gleichgewicht gebracht wird. Du wärst absolut am Boden zerstört, wenn dein Hund verletzt würde, obwohl viele Autounfallverletzungen vermeidbar sind.

Wenn du deinen pelzigen Passagier sicher transportieren möchtest, solltest du auch alle Ablenkungen minimieren, die dein Fahren beeinträchtigen könnten. Dazu gehört auch besagter pelziger Passagier, der im Auto herumläuft oder sogar auf deinen Schoß springt. Es braucht nicht viel Aktivität, um kurzzeitig abgelenkt zu werden, und schon kann ein Unglück schnell passieren. Dein Hund sollte auf dem Rücksitz sein und sich nicht frei im Auto bewegen können.

Deshalb sind Sicherheitsgurte für Hunde so wichtig. Es gibt viele verschiedene Produkte auf dem Markt, sodass es nicht schwer ist, eines zu finden, das den Bedürfnissen deines Hundes entspricht.

Wenn du eine Boxentraining machst, kann die Box deinen Hund bei einem Unfall sicher und geschützt halten. Wenn sie im Auto gesichert ist, verhindert die Box, dass dein Hund bei einem Unfall herumgeschleudert wird. Außerdem bietet sie eine zusätzliche Schutzschicht, um deinen Hund vor herumfliegenden Trümmern zu schützen. Wenn du eine der kleineren Cockapoo-Varianten hast, gibt es weiche Reisetaschen, um deinen Hund zu transportieren. Diese werden oft für Flugreisen verwendet und können deinen Hund bei einem Unfall sichern. Die weichen Seiten der Tasche sind nicht so widerstandsfähig gegen Stöße, aber sie können deinen Hund sicherer halten, als wenn er überhaupt nicht gesichert wäre.

Es gibt auch Sicherheitsgurte für Hunde, die nicht gerne in engen Räumen sind. Dies sind erschwingliche Sicherheitsgurte, die am Halsband eines Hundes befestigt und in die vorhandenen Sicherheitsgurte

Foto Von
Harriet Draper

Foto Von
@cockapoograham on Instagram

eines Autos eingeschnallt werden können. Bei der Verwendung kannst du deinen Hund in ein Geschirr stecken und dann den Sicherheitsgurt am Geschirr-Clip befestigen. Andernfalls kann ein Autounfall zu Nacken-verletzungen führen, wenn dein Hund durch das Halsband um seinen Hals zurückgehalten wird. Mit einem Geschirr wird dein Hund an den Schultern gezogen, was Traumata an Kopf und Nacken reduziert.

Welche Methode du auch wählst, es ist wichtig, bei allen Autofahrten eine Form der Sicherung zu verwenden, um deinen Hund zu schützen. Das Wissen, dass dein Cockapoo in deinem Auto etwas sicherer ist, wird dich sicherlich beruhigen. Außerdem sind auch die Passagiere des Autos sicherer, wenn dein Hund nicht im Auto herumtoben kann.

Deinen Hund auf Autofahrten vorbereiten

Manchmal werden Hunde im Auto nervös. Wenn man es aus ihrer Perspektive betrachtet, macht das Sinn. Du bittest deinen Hund, in eine seltsame Box zu springen, die sich sehr schnell bewegt. Es gibt so viele fremde Anblicke und Empfindungen, dass es regelrecht überwältigend sein kann. Manche Hunde lieben nichts mehr als eine Autofahrt, aber für andere Hunde sind Autofahrten eine große Quelle der Angst. Die Angst kann sich auch in Reiseübelkeit äußern, was für deinen Hund sehr unangenehm ist und ihn stark beeinträchtigen kann. Der beste Weg, deinem Hund Autofahrten angenehmer zu machen, ist, ihn Schritt für Schritt an dein Fahrzeug zu gewöhnen.

Lass deinen Hund zunächst dein Auto erkunden, während es geparkt ist. Dabei kannst du ihm die Möglichkeit geben, auf der Rückbank herumschnüffeln und ihm anschließend Leckerlies geben, wenn er ruhig bleibt. Du könntest sogar die Tür schließen und deinen Platz auf dem Fahrersitz einnehmen, als ob du losfahren würdest. Probiere dann die Sicherung deines Hundes aus und belohne ihn, wenn er es schafft, im Auto gesichert zu sein.

Als Nächstes ist es Zeit, mit dem Fahren zu beginnen. Mache kurze Fahrten um den Block, sprich mit deinem Hund in einer beruhigenden Stimme und lobe ihn dafür, dass er ruhig bleibt. Gib deinem Hund eine Belohnung, bevor du aus dem Auto steigst. Erhöhe die Zeit im Auto schrittweise, bis dein Hund keine Angst mehr hat.

Bei extremen Fällen von autobezogener Angst und Reiseübelkeit, sprich mit deinem Tierarzt über andere Dinge, die du tun kannst, um deinem Hund zu helfen. Bei situationsbedingter Angst kann ein Tierarzt entscheiden, Medikamente zu verschreiben, die du deinem Hund geben kannst, wenn er im Auto sein muss.

Nicht jeder Hund wird diese Abneigung gegen das Auto haben. Du wirst vielleicht feststellen, dass dein Cockapoo-Welpe ohne Probleme in dein Auto springt und nie wieder aussteigen möchte. Aber wenn dein Hund in deinem Auto nervös ist, solltest du diese Angst ansprechen, bevor es notwendig wird, deinen Hund irgendwohin zu transportieren.

Wenn du auf einer langen Autofahrt bist, achte darauf, häufige Pausen einzulegen. Während Menschen stundenlang fahren können, ohne anhalten zu müssen, wird dein Hund unruhig, wenn er zu lange eingesperrt ist. Finde Rastplätze entlang des Weges, die genügend Platz bieten, damit dein Hund seine Beine strecken kann. Stelle auch sicher, dass Wasser für deinen durstigen Vierbeiner bereitsteht. Versuche, wenn möglich, in einer Stadt mit einem Hundepark anzuhalten. Deinen Hund an einem sicheren Ort frei spielen zu lassen, wird ihn viel glücklicher machen, als wenn er nur eine schnelle Toilettenpause an einer Autobahnraststätte bekommt.

Foto Von
Diana Gregory

Fliegen und Hotelaufenthalte

Manchmal erfordern die Abenteuer, die du mit deinem Vierbeiner unternimmst, Flugreisen oder Hotelaufenthalte. Eine völlig neue Umgebung kann deinen Hund verwirren, daher musst du definitiv einige zusätzliche Vorsichtsmaßnahmen treffen. Das Erste, was du entscheiden musst, ist, ob es den Aufwand wert ist, eine so lange Reise mit deinem Hund zu unternehmen. Wenn du einen großen Umzug machst oder niemand da ist, der auf deinen Hund aufpassen kann, dann sind Flugzeuge und Hotelaufenthalte vielleicht unvermeidlich. Aber wenn du denkst, dass deine Reisen dich und deinen Hund zu sehr stressen werden, dann könntest du dich entscheiden, deinen Cockapoo zu Hause bei einer vertrauenswürdigen Person zu lassen.

Flugreisen können für einen Hund besonders stressig sein. Aus diesem Grund ist es am besten, wenn du nur in extremen Situationen fliegst. Leider kommt es zu oft vor, dass eine Fluggesellschaft wertvolle Fracht verliert oder ein Hund in der Luft einen medizinischen Notfall erleidet. Wenn du nicht bereit bist, dieses Risiko einzugehen, ist es vielleicht besser mit dem Auto zu fahren.

Wenn das nicht möglich ist, gibt es einige Dinge, die du tun kannst, um dich zu beruhigen, während du mit deinem Hund fliegst. Wenn du einen kleinen Cockapoo hast, der in eine von der Fluggesellschaft zugelassene Transportbox passt, versuche, eine Fluggesellschaft zu finden, die kleine Hunde in der Kabine erlaubt. Du wirst deinen Hund nicht unbedingt auf dem Schoß haben können, aber es wird sowohl dir als auch deinem Hund besser gehen, wenn ihr nah beieinander seid.

Wenn dein Cockapoo zu groß für die Kabine ist, muss er im Frachtraum in einer Box reisen. Stelle sicher, dass er genügend Zugang zu Wasser hat, da die große Höhe dehydrierend wirken kann. Achte darauf, dass seine Box bequem ist, und werfe vielleicht ein vertrautes Spielzeug hinein, um seine Sorgen zu lindern. Der Frachtraum kann für einen Hund laut und beängstigend sein, also sprich mit deinem Tierarzt, um zu sehen, ob es etwas gibt, was du deinem Hund geben kannst, um ihn während des Fluges ruhig zu halten. Es ist eine gute Idee, deinen Hund vor einem Flug zum Tierarzt zu bringen, um sicherzustellen, dass er bei guter Gesundheit ist, bevor du ihn in eine potenziell gefährliche Situation bringst.

Du solltest unbedingt darauf achten, dass alles bezüglich deines Hundes gesichert ist, sodass er nicht verloren gehen kann. Suche vor deiner Reise wichtige Telefonnummern für deine Fluggesellschaft und speichere sie in deinem Handy. Befestige ein Etikett oder einen Aufkleber an der Box deines Hundes mit all deinen Kontaktinformationen. Stel-

Foto Von
David Thomas

le sicher, dass du weißt, wo du sein musst, um deinen Hund abzuholen und wen du kontaktieren musst, wenn es Probleme gibt.

Sobald du an deinem Ziel angekommen bist, musst du an einem unbekannten Ort übernachten. Stelle bei der Buchung eines Hotels sicher, dass Haustiere erlaubt sind und dass du die erforderliche Kaution zahlst. Selbst der wohlerzogenste Hund wird Spuren hinterlassen, und du möchtest keine hohen Strafen für das Brechen der Regeln riskieren. Versuche auch, ein Hotel zu finden, das sich an einem Ort befindet, an dem du mit deinem Cockapoo spazieren gehen kannst. Wenn du dich von Beton umgeben findest, kann es zusätzliche Anstrengungen erfordern, einen Platz zu finden, an dem dein Hund sein Geschäft verrichten kann. Auch viel Bewegung kann deinen Aufenthalt angenehmer gestalten. Wenn dein Hund nicht an den Wänden hochgeht oder nervös zerstörerisch ist, wirst du mit größerer Wahrscheinlichkeit eine gute Zeit haben.

Wenn möglich, versuche, einige vertraute Gegenstände mitzubringen, damit dein Hund sich mehr wie zu Hause fühlt. Eine Lieblingsdecke und ein paar Spielzeuge können deinen Hund beruhigen.

Hundepension vs. Hundesitter

Manchmal lohnt es sich nicht, deinen Hund auf eine Reise mitzunehmen. Wenn du fliegst, eine lange Fahrt machst oder zu beschäftigt bist, um ausgiebig Zeit mit deinem Hund an einem fremden Ort zu verbringen, ist es vielleicht am besten, ihn zu Hause zu lassen. Wenn du deinen Hund bei einer vertrauenswürdigen Person lässt, hast du die Wahl, deinen Hund in einer Hundepension unterzubringen oder einen Hundesitter zu engagieren, der deinen Hund in deinem Zuhause besucht. Beide Optionen haben ihre Vor- und Nachteile, daher ist es am besten, auf der Grundlage dessen zu entscheiden, was für dich und deinen Hund am besten ist.

Eine gute Hundetagesstätte wird deinen Vierbeiner den ganzen Tag über beaufsichtigen und unterhalten. Diese Unterbringungseinrichtungen haben einen kleinen Zwinger, in dem dein Hund allein schlafen kann, erlauben aber auch, dass dein Hund mit anderen spielt. Diese Einrichtungen halten Mitarbeiter bereit, die sich jederzeit während des Tages (sowie über Nacht) um die Bedürfnisse deines Hundes kümmern. Es wird dich sicherlich beruhigen zu wissen, dass wenn etwas mit deinem Hund schief geht, jemand da sein wird, um nach deinem Vierbeiner zu sehen. Tagsüber wird deinem Hund mit der endlosen Spielzeit mit anderen Hunden nie langweilig werden.

Dieses Setup ist jedoch nicht jeden Hund das geeigneste. Wenn dein Hund besonders unterwürfig gegenüber anderen Hunden ist oder in der Vergangenheit Probleme mit anderen Hunden hatte, fühlst du dich vielleicht nicht wohl dabei, deinen Hund ohne deine Aufsicht mit anderen spielen zu lassen. Es ist teurer, eine Person zu engagieren, die sich um deinen Hund kümmert, aber es könnte sich lohnen, wenn dein Hund in der Nähe anderer Hunde gestresst wird.

Suche nach einem Tiersitter, der dich und deinen Hund häufig zuhause besuchen kann. Dies ist wichtig, denn du solltest den normalen Zeitplan deines Hundes wenn möglich beibehalten. Stelle sicher, dass dein Sitter kurz vorbeikommen kann, um deinen Hund rauszulassen, und ein paar Mal am Tag länger für Bewegung und Aufmerksamkeit bleiben kann. Idealerweise wird dein Sitter genauso viel, wenn nicht sogar mehr, da sein, wie du normalerweise zu Hause bist, damit dein Hund sich nicht vernachlässigt fühlt. Es könnte für deinen Cockapoo schwer sein, von seiner Lieblingsperson getrennt zu sein, daher ist ein guter Tiersitter wichtig.

Überprüfe in jedem Fall gründlich jeden, der sich um deinen Hund kümmern wird. Es gibt tonnenweise Websites und Apps, die dir helfen, jemanden zu finden, der auf deinen Hund aufpasst, aber persönliche Empfehlungen werden dich viel weiterbringen. Wenn ein Freund oder Kollege seinen Hund jemandem anvertrauen kann, kannst du das wahrscheinlich auch. Triff dich mit deinem Sitter oder der Pension und sprich über die Bedürfnisse deines Hundes. Sorg dafür, dass dein Hund seinen neuen Betreuer treffen kann, bevor du auf deine Reise gehst. Wenn du im Urlaub bist, ist das Letzte, worüber du dir Sorgen machen möchtest, wie es deinem Hund geht. Mit etwas Glück kehrst du von deiner Reise zurück und kommst nach Hause zu einem glücklichen Welpen.

Reisen kann für einen Hund stressig sein. Es gibt so viele neue Anblicke, Geräusche und Gerüche, die für einen jungen Welpen überwältigend sein können. Das Beste, was du für deinen Hund tun kannst, ist, ihn langsam auf neue Erfahrungen vorzubereiten. Und wenn du deine Reise planst, berücksichtige das Temperament deines Hundes. Wenn du weißt, dass dein Hund mit all den Veränderungen zu kämpfen haben wird, finde einen guten Betreuer für die Dauer deiner Reise. Wenn du entscheidest, dass dein Cockapoo die Reise bewältigen kann, ergreife Maßnahmen, um sicherzustellen, dass er bequem und glücklich ist. Reisen ist stressig genug, also füge keinen zusätzlichen Stress hinzu, indem du einen unvorbereiteten Cockapoo mitbringst.

KAPITEL 15
Pflege deines Cockapoos

„Hab keine Angst davor, Pflegetechniken zu lernen, die du zu Hause durchführen kannst. Halte den Pony kurz, damit die Haare nicht in die Augen fallen. Pflege sie regelmäßig und fange damit früh an, damit sie sich daran gewöhnen. Bringe ihnen bei, dass ihre Pfoten angefasst werden, ihre Krallen geschnitten werden und gewöhne sie früh an die Geräusche eines Trimmers, damit ihr erstes Grooming nicht traumatisch wird."

Jamie
Niedliche Cockapoos

Cockapoos sind wunderschöne Hunde mit weichem, flauschigem Fell. Cockapoos lieben es, im Mittelpunkt zu stehen, daher möchtest du sicherlich, dass sie gut aussehen. Die Fellpflege ist auch für die Gesundheit deines Hundes notwendig. Egal, ob du die Pflege deines Hundes selbst übernimmst oder einen Profi beauftragst – du wirst Zeit investieren müssen, um sicherzustellen, dass die hygienischen Bedürfnisse deines Hundes erfüllt werden. Manchmal genießen Hunde das Grooming nicht besonders, vor allem wenn es viel mehr Spaß macht, sich in stinkenden Dingen zu wälzen. Aber wenn du früh damit anfängst, wird die Pflege zu einem normalen Teil der Routine deines Hundes.

Grundlagen zum Fell

Das Fell des Cockapoos kann je nach Zuchtlinie variieren. Es kann zwar sein, dass dein Cockapoo ein glattes Fell hat, dies ist jedoch sehr selten. Ein lockiges oder welliges Fell ist bei dieser Rasse die Norm. Das Beste am Fell ist vielleicht, wie wenig es haart. Das liegt an den Genen des lockigen Pudelfells. Das Fell wächst auch nicht übermäßig lang.

Wie bei vielen anderen Hunderassen ist regelmäßiges Bürsten notwendig, um das Fell deines Hundes glänzend und knotenfrei zu halten. Das Bürsten hilft, die natürlichen Öle über die gesamte Haarlänge zu verteilen und abgestorbene Hautschuppen zu entfernen. Wenn das Fell eines Cockapoos verfilzt, musst du möglicherweise die betroffene Stelle herausschneiden, um das Problem zu beheben. Eine normale Zupf-bürste sollte ausreichen. Falls dein Hund Probleme mit Verfilzungen hat, kann eine Drahtbürste helfen, bis zur Wurzel des Problems vorzudringen.

Professionelles Grooming

Diese Rasse kann im Gesicht etwas zottelig werden, daher möchtest du deinen Hund vielleicht zu einem professionellen Hundefriseur für ei-nen schnellen Schnitt bringen. Was der Hundefriseur macht, hängt von deinen Vorlieben ab. Einige Cockapoo-Besitzer mögen es, wenn das Fell ihres Hundes lang und voll ist. Andere bevorzugen es kurz und ordent-lich, besonders im Sommer. Du kannst deinen Hund so flauschig hal-ten, wie du möchtest, aber achte besonders auf das Fell um Augen und Maul. Dieses Fell wird oft zu lang und störend. Lange Haare können in

Foto Von
Irene Blackhaw

die Augen fallen und diese reizen. Schmutz und Keime von draußen können vom Fell in die empfindlichen Augen gelangen und zu Infektionen
führen. Im schlimmsten Fall könnte das zusätzliche Fell einfach nur lä-
stig sein und es deinem Hund erschweren zu sehen. Wenn das passiert,
bring deinen Vierbeiner zum Trimmen. Im Vergleich zu anderen Rassen,
die Pflege benötigen, ist der Cockapoo relativ pflegeleicht.

Baden

Irgendwann wird dein Hund so schmutzig, dass er ein Bad braucht.
Wenn es soweit ist, solltest du einige Dinge zur Hand haben. Zuerst
brauchst du ein gutes Hundeshampoo. Wähle eines, das speziell für
Hunde formuliert ist. Eine milde Lösung ist am besten, um nicht zu viele natürliche Öle von Haut und Haar zu entfernen. Es ist nicht unbedingt
notwendig, aber eine abnehmbare Duschbrause kann das Baden deines
Hundes viel einfacher machen als eine Wanne zu füllen und mit einem

Foto Von
Jackie Meredith

Becher zu spülen. Wenn dein Hund das Wasser nicht mag, halte ein paar Leckerlis bereit, um positives Verhalten zu verstärken.

Fülle die Wanne mit ein paar Zentimetern warmem Wasser. Spüle deinen Cockapoo kurz ab und schäume dann sein Fell mit dem Shampoo ein. Achte besonders auf sein Gesicht, damit kein Shampoo oder Wasser in empfindliche Bereiche gelangt. Am besten verwendest du für das Gesicht einen feuchten Lappen und sparst das Schrubben für den Rest des Körpers auf. Spüle deinen Hund gründlich ab, wenn du fertig bist. Überschüssige Seife trocknet die Haut aus und macht das Fell spröde und glanzlos. Wenn du fertig bist, trockne deinen Cockapoo mit einem Handtuch ab und gib ihm ein Leckerli, um ihn daran zu erinnern, dass Baden keine schlechte Erfahrung sein muss.

Wenn dein Hund bei jedem Bad kämpft, versuche etwas Erdnussbutter auf die Rückseite der Badewanne oder Duschwand zu schmieren. Das beschäftigt ihn für ein paar Minuten, während du ihn wäschst. Achte auch darauf, dass das Wasser nicht zu heiß oder zu kalt ist. Denk daran, Hunde brauchen nur alle paar Monate ein Bad, es sei denn, sie sind besonders schmutzig. Andernfalls entfernst du die natürlichen Öle, die ihre Haut und ihr Fell schützen.

Krallen schneiden

Lange Krallen sind bei einem Hund etwas ungünstig. Sie klicken und klackern nicht nur auf dem Boden, sondern können auch mal dich oder Möbel zerkratzen. Und wenn die Zehennägel zu lang werden, können sie Fußschmerzen verursachen. Das Schneiden der Krallen ist etwas, das zu Hause erledigt werden kann. Allerdings sitzen Hunde nicht immer geduldig da und warten, bis du ihre Nägel schneidest. Bevor du überhaupt anfängst, die Nägel zu schneiden, übe das Berühren der Pfoten deines Hundes. Wenn er es toleriert, dass du seine Pfoten und Krallen berührst, gib ihm ein Leckerli. Dies schafft eine positive Verbindung zwischen dem Berühren der Pfoten und Belohnungen.

Wenn es Zeit ist, die Krallen zu schneiden, schneide sie mit kleinen Schnitten, statt große Stücke abzunehmen. Einige Hundenagelscheren haben Schutzvorrichtungen, damit du nicht zu viel abschneidest. Wenn du zu viel schneidest, könntest du die Blutversorgung, den sogenannten „Lebendkern", verletzen. Das kann sehr schmerzhaft sein und dazu führen, dass dein Hund beim nächsten Mal zögert, sich die Krallen schneiden zu lassen. Wenn dein Cockapoo zu zappelig ist, kann ein Hundefriseur mit diesem Service helfen. Sie haben viel Erfahrung mit verschiedenen Hunden und können die Arbeit schnell erledigen.

Zähne putzen

Das Zähneputzen bei deinem Hund dient nicht nur dazu, sie glänzend zu halten. Es reduziert auch Hundemund-Geruch und entfernt schädliche Zahnbeläge. Der Zustand der Zähne eines Hundes macht einen großen Unterschied für seine allgemeine Gesundheit. Wenn die Zähne zu verfallen beginnen, wird es für deinen Hund schmerzhaft zu fressen. Die Bakterien aus dem Verfall können das allgemeine Wohlbefinden deines Hundes beeinträchtigen. Schlechte Zähne wurden mit Herzerkrankungen in Verbindung gebracht und können sogar Jahre vom Leben eines ansonsten gesunden Hundes nehmen.

Es mag nach viel Arbeit erscheinen, aber das Zähneputzen bei einem Hund ist nicht sonderlich schwer. Bevor du beginnst, übe das Berühren des Mauls deines Hundes, um ihn an das seltsame Gefühl zu gewöhnen. Ziehe sanft seine Lippen zurück und berühre seine Zähne. Das ist auch eine gute Übung für den Besuch beim Tierarzt.

Wenn er sich damit wohlfühlt, dass du in seinem Maul herumstocherst, ist es Zeit zum Putzen. Verwende eine Zahnbürste und Zahnpasta speziell für Hunde. Hunde können Zahnpasta nicht ausspucken, daher brauchen sie eine spezielle Formel nur für sich selber. Diese Arten von Zahnpasta gibt es in verschiedenen hundefreundlichen Geschmacksrichtungen. Du kannst entscheiden, welche Art von Bürste du verwendest, je nach Größe des Mauls deines Hundes und deinem Komfort. Es gibt traditionelle Zahnbürsten mit Griff in verschiedenen Größen oder Gummibürsten, die über deinen Finger gestülpt werden.

Konzentriere dich beim Putzen auf die Außenseiten der hinteren Zähne. Wenn dein Hund knuspriges Futter frisst, schabt das Trockenfutter Plaque von den Innenseiten des Mundes ab. Die Außenseiten neigen dazu, mehr von diesem fiesen Belag zu sammeln, der zu Krankheiten führt. Bürste sanft seine Zähne und achte darauf, das Zahnfleisch nicht durch zu kräftiges Bürsten zu verletzen.

Je öfter du putzt, desto besser werden die Zähne deines Hundes auf lange Sicht sein. Einige Besitzer sind großartig darin, jeden Abend vor dem Schlafengehen zu putzen, während andere es einmal pro Woche schaffen. Vorbeugung ist der Schlüssel, wenn es um die Zähne deines Hundes geht. Wenn du die Beißerchen deines Vierbeiners sauber halten kannst, ist es weniger wahrscheinlich, dass sie in Zukunft eine professionelle Reinigung benötigen.

Ohren reinigen

Foto Von Kerry Lyon

Cockapoos haben Schlappohren, die viel leichter infiziert werden können als bei anderen Rassen. Feuchtigkeit und Bakterien werden im Inneren eingeschlossen und werden zu einem Nährboden für fiese Infektionen. Wenn sie unbehandelt bleiben, kann dies zu starken Schmerzen und potenziellem Hörverlust bei deinem Hund führen. Aus diesem Grund müssen Cockapoo-Besitzer besonders auf die Ohren ihres Hundes achten.

Achte zunächst besonders darauf, dass kein Wasser in die Ohren deines Hundes gelangt. Spüle beim Baden nicht ihr Gesicht mit der Duschbrause ab. Du könntest sogar Wattebäusche in die Ohröffnung legen, um zu verhindern, dass Wasser eindringt. Wenn dein Hund Wasser in die Ohren bekommt, wenn er aus seinem Wassernapf schlürft, erwäge den Kauf einer Plattform, um den Napf zu erhöhen, damit sein Kopf oben bleibt und seine Ohren vom spritzenden Wasser ferngehalten werden.

Wenn du bemerkst, dass sich viel Wachs in den Ohren deines Hundes ansammelt und er sich viel kratzt und den Kopf schüttelt, könnte es an der Zeit sein, seine Ohren zu reinigen. Zoohandlungen verkaufen Ohrreinigungslösung, die für deinen Hund sicher ist. Um sie zu verwenden, spritze die Lösung direkt ins Ohr. Massiere dann die Außenseite des Ohrs und arbeite die Lösung in den Gehörgang ein. Diese Flüssigkeit wird dazu beitragen, das Wachs im Ohr aufzulösen. Lass deinen Hund die überschüssige Feuchtigkeit ausschütteln und fertig! Wenn sich viel Wachs auf der Ohrmuschel befindet, kannst du einen angefeuchteten Wattebausch verwenden, um die Rückstände sanft abzuwischen. Verwende niemals Wattestäbchen oder andere kleine Instrumente, um tief im Ohr zu reinigen, da dies das empfindliche Innenohr deines Hundes beschädigen kann.

Natürlich, wenn dein Hund nach der Reinigung juckend oder schmerzend erscheint, suche einen Tierarzt auf. Er kann eine Infektion diagnostizieren und Medikamente verschreiben, die den Schlappohren deines

Cockapoos helfen. Sie werden auch seine Ohren reinigen, wenn diese Aufgabe zu groß für dich ist. Viele Hunde mögen das Gefühl von etwas Kaltem und Nassem, das in ihr Ohr gespritzt wird, nicht. Manchmal ist es am besten, die wichtigen Aufgaben den Profis zu überlassen!

Heimpflege vs. professionelles Grooming

Auch wenn es nicht unbedingt nötig ist, jemanden für die Pflege deines Hundes zu bezahlen, kann es sich in manchen Fällen lohnen. Wenn du einen zappligen Hund hast, riskierst du, deinen Vierbeiner mit scharfen Gegenständen wie Scheren und Nagelknipsern zu verletzen. Professionelle Hundefriseure haben viel Erfahrung und können mit allem umgehen, was auf sie zukommt. Sie haben auch ein Auge dafür, wie bestimmte Rassen geschnitten werden sollten, sodass sie deinen Hund ordentlich und gepflegt aussehen lassen können, wenn du dir nicht ganz sicher bist, welche Art von Schnitt du geben sollst.

Andererseits kann Grooming teuer sein, und es kann schwierig sein, Zeit zu finden, um deinen Hund zu einem Termin zu bringen, wenn du nur ein paar lange Nägel kürzen musst. Halte Pflegeausrüstung bereit, falls du sie jemals benötigst. Aber wenn du dich wirklich unwohl fühlst, diese Aufgaben selbst zu erledigen, überlasse es dem Hundefriseur. Es lohnt sich nicht, deinen Hund zu verletzen oder zu traumatisieren, wenn du etwas nicht selbst tun kannst.

Es gibt viel mehr bei der Hundepflege als nur gut auszusehen. Obwohl dein Hund es liebt, alle möglichen ekligen Dinge zu fressen und sich darin zu wälzen, ist Sauberkeit sehr wichtig für seine Gesundheit. Geschnittene Krallen, saubere Ohren und geputzte Zähne können die Lebensqualität deines Hundes und vielleicht sogar seine gesamte Lebenserwartung verbessern. Es braucht etwas Zeit und Mühe, aber es lohnt sich absolut, wenn dein Hund gut aussieht und sich wohlfühlt.

KAPITEL 16
Ernährung und Gesundheitsvorsorge

„Ich füttere meine Hunde mit einer getreidefreien Ernährung, meist auf Hühnchenbasis. Gelegentlich kann das Fett von Quellen wie Ente ihren Magen-Darm-Trakt belasten. Halte es einfach. Füttere kein Trockenfutter, das kein Fleisch enthält (wie etwa ein Erbsen- oder Linsenbasiertes Futter). Hunde sind von Natur aus Fleischfresser."

Jeanne Davis
Windhorse Offering

Nichts ist wichtiger als die Gesundheit deines Hundes. Leider sind unsere Hunde nicht lange auf dieser Erde, daher möchte jeder Besitzer sicherstellen, dass er so viele Jahre wie möglich mit seinem pelzigen Freund verbringen kann. Und auch die Qualität dieser Jahre zählt. Zum Glück gibt es einige Dinge, die du tun kannst, um die Gesundheit deines Hundes optimal zu halten. Neben guter Hygiene tragen eine ausgewogene Ernährung und regelmäßige Untersuchungen maßgeblich dazu bei, deinen Hund glücklich und gesund zu halten.

Foto Von
Lee Carpenter

Die Bedeutung einer guten Ernährung

Genau wie bei Menschen spielt die Ernährung deines Hundes eine wichtige Rolle. Wenn du deinen Hund mit nahrhaftem Futter versorgst, wird er viel Energie haben und sein Körper wird effizient arbeiten. Wenn er Junkfood frisst, bekommt sein Körper nicht die wichtigen Nährstoffe, die er braucht. Überschüssiges Fett lagert sich um die Organe an und zwingt sie, härter zu arbeiten.

Da es bei Cockapoos große Größenunterschiede gibt, kann das Futter, das du deinem Hund gibst, von seiner Größe abhängen. Futter für große Rassen ist für mittelgroße bis große Hunde gedacht, während Futter für kleine Rassen besser für Mini- und Toy-Größen geeignet ist. Verschiedene Hunde benötigen leicht unterschiedliche Nährstoffe.

Ein großer Hund kann mehr Kohlenhydrate in seiner Ernährung vertragen, weil er mehr Energie verbrennt. Kleinere Hunde benötigen tendenziell Futter mit höherem Proteingehalt. Unabhängig von der Größe sollte jeder Hund Nahrung mit guten Protein- und Kohlenhydratquellen zu sich nehmen. Bei Proteinen können mehrere Fleischquellen ein besseres Spektrum an Amino- und Fettsäuren liefern. Bei Kohlenhydraten sind komplexe Kohlenhydrate gut, um deinen Hund länger mit Energie zu versorgen und satt zu halten. Zutaten wie Haferflocken, brauner Reis und Gerste sorgen dafür, dass der Magen deines Hundes zwischen den Mahlzeiten nicht knurrt.

Hab auch keine Angst vor Fetten in der Ernährung deines Hundes. Fette und Öle halten die Haut deines Hundes feucht und sein Fell geschmeidig. Achte auf Futter, das Omega-Fettsäuren enthält, wie zum Beispiel aus Fischöl. Diese Nährstoffe sind gut für die Haut und fördern auch eine gesunde Gehirnaktivität.

Wir alle wissen, dass Obst und Gemüse gut für Menschen sind, aber viele bedenken nicht all die Vitamine und Mineralien, die Hunde in ihrem Futter benötigen. Es sollte eine große Vielfalt an Vitaminen und Mineralien in angemessenen Mengen für die Größe deines Cockapoos enthalten sein. Praktisch alle Futtersorten enthalten irgendeine Art von Multivitaminmischung, aber einige enthalten auch die tatsächlichen Lebensmittel, aus denen sie stammen. Obst und Gemüse enthalten Antioxidantien, die den Alterungsprozess bekämpfen und das Immunsystem gesund halten. Diese Früchte und Gemüsesorten enthalten auch Ballaststoffe, die für eine regelmäßige Verdauung deines Hundes sorgen.

Wenn es um die Fütterung deines Hundes geht, nutze die Fütterungsanleitung auf der Verpackung, um herauszufinden, wie viel er pro Mahlzeit benötigt. Die Anleitung gibt an, wie viel Futter ein Hund je nach Gewicht braucht. Es ist daher hilfreich, das genaue Gewicht deines Hundes zu kennen; andernfalls könnte er zu viel oder zu wenig Futter bekommen.

Gewichtsprobleme sind bei dieser Rasse nicht sehr häufig, da sie gerne Bewegung haben und nicht zum Überfressen neigen. Wenn dein Tierarzt jedoch feststellt, dass dein Hund übergewichtig ist, ist es wichtig, dieses Problem sofort anzugehen. Zu viel Gewicht kann die Gelenke und inneren Organe belasten. Als Erstes solltest du die tägliche Kalorienzufuhr reduzieren und mehr Bewegung einbauen. Finde das richtige Gleichgewicht zwischen Futter und Bewegung, um dein Tier auf einem stabilen, gesunden Gewicht zu halten. Denk daran, dass Leckerlis zur Kalorienzahl beitragen. Wenn du nach einigen Monaten keine Ergebnisse siehst, wende dich an deinen Tierarzt, um sicherzustellen, dass keine anderen gesundheitlichen Probleme vorliegen.

Wie du das Futter für deinen Hund auswählst

Foto Von
Sandra Mcglynn

Sobald du weißt, welche Nährstoffe dein Cockapoo für seine Gesundheit benötigt, ist es Zeit, ein Futter auszuwählen. Das kann eine entmutigende Aufgabe sein, wenn du in die Zoohandlung gehst, denn es gibt unzählige Optionen für deinen pelzigen Freund. Jede Marke rühmt sich mit verschiedenen Qualitäten und kommt in einer großen Auswahl an Geschmacksrichtungen. Wie entscheidest du dich also?

Wenn du einen Hund von einem Züchter kaufst, frage deinen Züchter, was er verwendet. Das gibt dir eine gute Vorstellung von der Qualität des Futters, auf das ein Cockapoo-Liebhaber schwört, und zeigt dir auch, woran dein neuer Welpe gewöhnt ist. Manchmal können Hunde bei Geschmacksrichtungen wählerisch sein. Wenn du nicht weißt, welche Art von Futter deinem Hund das Wasser im Mund zusammenlaufen lässt, bieten viele Geschäfte kostenlose Proben von Trockenfutter zum Ausprobieren an.

Du wirst auch feststellen, dass es Futter in nasser und trockener Variante gibt. Das Nassfutter enthält Feuchtigkeit, was das Futter für einen Hund aromatischer und appetitlicher macht. Allerdings bleibt es an den Zähnen haften. Es ist leicht zu fressen, wenn dein Hund Probleme mit dem Maul hat, aber für einen gesunden Hund nicht notwendig. Knuspriges Futter hingegen schabt bei jedem Fressen die Plaque von den Zähnen. Aus diesem Grund ist es am besten, wenn Hunde Trockenfutter fressen, um die Menge an Plaque, die sich auf den Zähnen deines Hundes bildet, zu begrenzen.

Eine weitere Sache, die dir auffallen wird, ist die große Preisspanne bei Hundefutter. Billiges Hundefutter kann seine Preise niedrig halten, indem es Zutaten von geringerer Qualität verwendet. Teures Hundefutter verwendet oft Zutaten, die näher an dem sind, was Menschen essen könnten, obwohl es sich technisch gesehen nicht um Lebensmittel in Humanqualität handelt. Außerdem kann ein hoher Preis Hundebesitzern signalisieren, dass es sich um ein überlegenes Produkt handelt, was nicht immer der Fall sein muss. Im Zweifelsfall beginne damit, Futtermittel im mittleren Preissegment zu prüfen. Wenn die Nährstoffwerte und Zutaten für dich gut aussehen, dann ist es wahrscheinlich ein gutes Hundefutter.

Selbstgemachtes Futter

Einige Hundebesitzer stellen ihr eigenes Hundefutter her, anstatt kommerzielle Marken zu kaufen. Obwohl dies unkonventionell ist, kann es manchmal vorteilhaft für Hunde sein. Gelegentlich haben Hunde Nahrungsmittelallergien und Unverträglichkeiten gegenüber bestimmten Zutaten, was es schwierig macht, ein passendes Futter für ihren Vierbeiner zu finden. In anderen Fällen mögen Besitzer nicht die Vorstellung, dass ihr Hund etwas von geringerer Qualität frisst als das, was sie ihrer menschlichen Familie vorsetzen würden. In jedem Fall sollte die Herstellung von selbstgemachtem Hundefutter unter Aufsicht eines Tierarztes oder Tierernährungsberaters erfolgen, um sicherzustellen, dass dem Hund keine lebenswichtigen Nährstoffe fehlen. Diese Experten können Rezepte empfehlen und den Kalorienbedarf berechnen. Es gibt tonnenweise Websites mit von Besitzern erstellten Rezepten zur Inspiration, aber sei vorsichtig, wem du vertraust.

Menschennahrung

Ob du deinem Hund Menschennahrung gibst oder sie verbietest, ist unter Hundebesitzern umstritten. Es ist nicht überraschend, dass Hunde gerne Tischreste und andere leckere Häppchen fressen, die sie in die Pfoten bekommen können, jedoch ist dies nicht unbedingt gesund für ihren Körper. Bei Menschennahrung ist es am besten, auf der sicheren Seite zu bleiben. Zum einen möchtest du vermeiden, dass dein Hund krank wird, weil das Futter etwas enthält, das für Hunde giftig ist. Zwiebeln, Trauben, Avocados und Schokolade sind nur einige Dinge, die Menschen essen können, die Hunde aber sehr krank machen. Einige Lebensmittel, wie Milchprodukte, sind nicht unbedingt giftig, aber dein Hund kann sie möglicherweise nicht gut verdauen, was zu Bauchschmerzen und Durchfall führt. Zweitens, wenn dein Hund bereits eine ausgewogene Ernährung mit seinem Hundefutter hat, werden zusätzliche kalorienreiche Fettklumpen von deinen Steakabschnitten mit der Zeit zu Gewichtszunahme führen. Schließlich, wenn du deinem Hund beibringst, dass er gelegentlich Reste von deinem Esstisch haben kann, wird er bei jedem Essen unter dem Tisch sitzen und betteln. Das wird nervig, und es ist schwer, diese Angewohnheit zu brechen, sobald sie begonnen hat.

Andererseits verwenden manche Besitzer gerne Menschennahrung als Trainingsbelohnungen, weil sie nahrhaft sein können und als besondere Leckerbissen dienen, wenn sie sparsam eingesetzt werden. Manche Hunde sind verrückt nach Blattgemüse, Beeren und gekochtem Kürbis. Diese sind großartig für Hunde, weil sie kalorienarm und voller Nährstoffe sind. Solange du diese als besondere Leckerbissen verwendest, ist es in Ordnung, sie deinem Hund zu besonderen Anlässen zu geben.

Vorsorgeuntersuchungen und präventive Gesundheitsvorsorge

Wenn es um die Gesundheit deines Hundes geht, ist es am besten, Probleme zu verhindern, bevor sie Schaden anrichten. Eine Möglichkeit dazu ist, deinen Hund jährlich zum Tierarzt für eine Vorsorgeuntersuchung zu bringen. Während dieser Zeit werden sie dich fragen, ob du Veränderungen in der Gesundheit deines Hundes bemerkt hast oder ob du irgendwelche Bedenken hast. Selbst wenn sich deine Bedenken als unbegründet herausstellen, ist es trotzdem eine gute Möglichkeit, um Fragen zu stellen, die du haben könntest.

Dein Tierarzt wird eine schnelle, aber gründliche Untersuchung deines Hundes durchführen. Er wird die Augen, Ohren und das Maul auf

Foto
Linda Jo...

Auffälligkeiten überprüfen. Er wird das Herz, die Lunge und den Bauch deines Hundes abhören, um sicherzustellen, dass alles normal klingt. Die Temperatur deines Hundes wird gemessen, um auf Infektionen zu prüfen. Schließlich wird der Tierarzt mit seinen Händen deinen Hund abtasten, um sicherzustellen, dass alles mit seinen Beinen, dem Rücken und dem Bauch in Ordnung ist.

Der Grund, warum es so wichtig ist, jedes Jahr zum Arzt zu gehen, ist, dass ein Tierarzt schnell ein Problem diagnostizieren kann, das du vielleicht gar nicht bemerkst. Und wenn du regelmäßig gehst, können sie Veränderungen von Jahr zu Jahr verfolgen und Probleme identifizieren, die im Auge behalten werden sollten. Wenn du nur zum Tierarzt gehst, wenn dein Hund krank ist, gibt es keinen Vergleichswert zu dem gesunden Zustand deines Hundes.

Flöhe, Zecken und Würmer

Teil der Vorsorge ist es, Vorkehrungen zu treffen, um Parasiten von deinem Hund fernzuhalten. Hunde sind wie Magnete für diese schrecklichen Kreaturen, weil Hunde Dinge fressen, die sie nicht sollten, und in Gebieten mit viel Vegetation herumstreifen. Und sobald sich die Parasiten festgesetzt haben, kann es schwer sein zu erkennen, dass dein Hund einen Befall hat.

Darmwürmer sind bei Welpen ziemlich häufig. Wenn du bemerkst, dass sich die Essgewohnheiten deines Hundes geändert haben, sein Stuhlgang unregelmäßig ist oder er lethargisch ist oder erbricht, ist es eine gute Idee, ihn von einem Tierarzt untersuchen zu lassen. Eine Stuhlprobe kann schnell zeigen, ob Würmer im Darm sind, und es kann ein Medikament verschrieben werden, um das Problem zu beheben. Herzwürmer sind ein weiterer Parasit, der durch den Blutkreislauf wandert. Infizierte Mücken stechen deinen Hund, wodurch der Herzwurm in den Blutkreislauf gelangt und schließlich seinen Weg zum Herzen findet. Dieser Parasit kann tödlich sein, wenn er nicht sofort behandelt wird. Glücklicherweise gibt es ein monatliches Präventivmedikament, dass deinen Hund vor Herzwürmern schützen kann. Nach einem schnellen Bluttest wird dein Tierarzt ein Medikament verschreiben, das du deinem Hund monatlich geben sollst. Solange du dieses Medikament regelmäßig gibst, musst du dir keine Sorgen um Herzwürmer machen.

Flöhe und Zecken sind weitere Plagegeister, die sich leicht an deinen Hund heften können. Diese Kreaturen saugen das Blut deines Hundes und können möglicherweise gefährliche Krankheiten übertragen. Außerdem verursachen Flöhe extremen Juckreiz und sind schwer zu bekämpfen, sobald ein Befall begonnen hat. Um zu verhindern, dass dein Hund diese Schädlinge mit nach Hause bringt, wähle ein Präventivmittel, das am besten für deinen Vierbeiner geeignet ist. Topische Präventivmittel können einmal im Monat auf das Fell deines Hundes aufgetragen werden, oder es gibt orale Präventivmittel, die dafür sorgen, dass Flöhe und Zecken sterben, wenn sie deinen Hund beißen. Wenn Flöhe und Zecken auf deinem Hund nicht überleben können, dann gibt es weniger Chancen, dass sich diese Schädlinge vermehren und deinem Hund schaden.

Impfungen

Impfungen sind ein weiterer wichtiger Teil der Vorsorge und sind sogar gesetzlich vorgeschrieben. Es gibt eine Handvoll ansteckender Krankheiten, gegen die Tierärzte impfen können, beginnend wenn dein

Hund ein Welpe ist. An vielen Orten muss dein Hund mit den empfohlenen Impfungen auf dem neuesten Stand sein, um an Trainingskursen teilnehmen oder in Hundeparks gehen zu können. Die Tollwutimpfung ist erforderlich, um deinen Hund anzumelden, da ein ungeimpfter Hund ein Risiko für die öffentliche Gesundheit darstellen kann.

Obwohl Impfungen in den letzten Jahren zu einem heißen Thema geworden sind, gibt es keinen Grund, deinen Hund nicht zu impfen. Indem du deinen Hund frei von ansteckenden Krankheiten hältst, trägst du deinen Teil dazu bei, schreckliche Viren zu eliminieren, die viele Hunde töten. Du schützt nicht nur deinen Hund, sondern auch andere Hunde, die möglicherweise nicht mit ihren Impfungen auf dem neuesten Stand sind. Wenn dein Welpe seine erste Impfrunde bekommt, wird dein Tierarzt deinen Hund auf einen Impfplan setzen. Die Klinik wird dich dann jedes Mal benachrichtigen, wenn dein Hund Auffrischungsimpfungen benötigt, um seine Immunität aufrechtzuerhalten.

Genetische Erkrankungen

„Cockapoos können genetische Gesundheitsprobleme tragen, die bei Cocker Spaniels oder Pudeln vorkommen. Es ist unerlässlich, vor dem Kauf eines Cockapoos nach Gesundheitstests zu fragen. Cocker Spaniels sind bekannt für Herz- und Augenerkrankungen. Pudel geben die Langlebigkeitsgene weiter, sollten aber auf Hüftdysplasie und Ellbogendeformitäten getestet werden. Viele Züchter verwenden OFA-Tests oder Paw Print Genetics, um ihre Gesundheit zu überprüfen."

Luann Woodard
Cockapoo Cottage

Da der Cockapoo halb Cocker Spaniel und halb Pudel ist, stammen häufige genetische Leiden von beiden Rassen. Das Gute an Mischlingen ist, dass sie weniger wahrscheinlich an tödlichen genetischen Krankheiten leiden, weil es weniger Inzucht zwischen Hunden gibt. Wenn du von einem seriösen Züchter kaufst, begrenzen dessen Praktiken die Anzahl der genetischen Leiden, indem nur gesunde Hunde für die Zucht ausgewählt werden. Es gibt jedoch einige Leiden, die bei bestimmten Rassen häufiger vorkommen, daher ist es gut zu wissen, worauf du achten solltest.

Es gibt einige Erkrankungen des Skeletts, auf die du achten solltest, wenn dein Hund plötzlich zu hinken beginnt. Die Patellaluxation ist ein

Zustand, bei dem die Kniescheibe herumrutscht und unter bestimmten Umständen „hängen bleibt". Schon das einfache Rennen und Springen kann dazu führen, dass das Knie aus seiner Position rutscht, was extrem schmerzhaft sein kann. Die Hüftdysplasie ist eine weitere Erkrankung, die generell bei größeren Rassen vorkommt, bei der das Hüftgelenk nicht gut in die Pfanne passt, was zu Schmerzen und Mobilitätsproblemen führt. Beide Erkrankungen müssen operativ behandelt werden, wenn sie schwerwiegend genug sind.

Diese Rasse leidet auch häufiger an Netzhautatrophie und anderen Augenproblemen. Die Netzhautatrophie kann mit der Zeit zur Erblindung führen. Natürlich sollte dies eine der Erkrankungen sein, die im Zuchtprozess eliminiert werden. Wenn du jedoch einen Hund aus unbekannter Herkunft adoptierst, solltest du die Augen deines Hundes untersuchen lassen, wenn er Schwierigkeiten hat, im Dunkeln zu sehen. Dies ist ein Zeichen dafür, dass seine Sehkraft insgesamt nachlässt. Pudel-Mischlinge haben auch ein höheres Risiko für Schilddrüsenprobleme. Sprich mit deinem Tierarzt, wenn dein Hund plötzlich lethargisch ist oder fleckiges Fell hat. Sie können Medikamente verschreiben, die seinen Hormonspiegel schnell wieder normalisieren.

Seniorenhundepflege

Foto Von
Kelly Cunningham

Cockapoos haben eine relativ lange Lebensdauer im Vergleich zu anderen Rassen, aber eines Tages werden sie als Seniorenhund gelten. Seniorenhunde spielen und erkunden immer noch gerne, aber sie werden ein wenig langsamer, besonders im Vergleich zu ihrem Energieniveau als Welpe.

Du wirst vielleicht feststellen, dass dein Seniorenhund Gelenkschmerzen hat, wenn er versucht zu laufen oder zu spielen. Dies ist oft bemerkbar, wenn er morgens zum ersten Mal aufsteht oder nach einem Nickerchen versucht, herumzulaufen. Es gibt einige Dinge, die du tun kannst, um diese Steifheit und Schmerzen zu lindern. Zunächst einmal stelle sicher, dass dein Hund ein weiches und stützendes Bett zum Ausruhen hat. Wenn er es gewohnt ist, auf die Couch zu springen, könnte ihm das im Alter schwerer fallen. Es gibt auch Gelenknahrungsergänzungsmittel, die du deinem Hund geben kannst und die helfen, einige der Schäden zu reparieren, die im Laufe der Zeit an den Beingelenken entstehen. Wenn dein Hund unter erheblichen Schmerzen zu leiden scheint, sprich mit deinem Tierarzt über entzündungshemmende Medikamente. Dies kann ein gutes Mittel gegen Gelenkschmerzen sein.

Dein Cockapoo könnte auch an Gewicht zunehmen, wenn er sich nicht mehr so viel bewegt wie früher. Ältere Hunde benötigen weniger Kalorien als ihre jüngeren Artgenossen. Wenn dein Seniorenhund an Gewicht zunimmt, erwäge, seine tägliche Futteraufnahme zu reduzieren. Wenn er Schwierigkeiten hat, knuspriges Trockenfutter zu fressen, weil sein Geruchssinn nachgelassen hat oder seine Zähne schmerzen, versuche, Trocken- und Nassfutter zu mischen, um es leichter kaubar zu machen. Oder gieße etwas Wasser oder Brühe über das knusprige Futter, um es aufzuweichen.

Möglicherweise musst du auch deine Bewegungsroutine ändern. Während du früher vielleicht joggen konntest, wirst du einen Zeitpunkt erreichen, an dem das für deinen alten Hund einfach zu viel Anstrengung ist. Bewegung ist immer noch wichtig, aber du könntest entscheiden, dass ein gemütlicher Spaziergang zu weniger Schmerzen und Steifheit in den Beinen deines Hundes führt. Es ist auch wichtig, die geistige Fitness deines Hundes weiterhin mit Rätseln und anderen Spielen zu trainieren, wenn er älter wird. Das kann seinen Geist scharf halten, was zu weniger Verwirrung und Unruhe führt.

Vor allem ist es wichtig, Qualitätszeit mit deinem Cockapoo zu verbringen. Diese Hunde sind Begleittiere und wollen gerne mit dir kuscheln. Du wirst vielleicht feststellen, dass dein Cockapoo mit zunehmendem Alter weniger Interesse daran hat, Apportieren zu spielen, und mehr daran interessiert ist, sich an dich zu kuscheln, während du ein Buch liest. Schätze diese Momente mit deinem Hund, denn sie werden nicht ewig dauern. Denk auch daran, dass Hunde etwa ab dem achten Lebensjahr als „Senioren" gelten. Bei richtiger Pflege ist es durchaus möglich, dass dein Hund noch ein weiteres Jahrzehnt darüber hinaus lebt.

Irgendwann wird die Zeit kommen, in der du Abschied nehmen musst. Wenn dein Hund große Schmerzen hat, nicht mehr selbstständig zur Toilette gehen kann oder unter vielen verschiedenen altersbedingten Beschwerden leidet, entscheidest du dich vielleicht dafür, dass Einschläfern die beste Option ist. Diese Entscheidung für dein Haustier zu treffen, kann extrem schwierig sein, aber du wirst wissen, wann sich der Zustand deines Hundes nur noch verschlechtern wird und seine Lebensqualität leidet. Wenn du zu diesem Schluss kommst, sprich mit einem Tierarzt, um Rat zu erhalten. Eine Untersuchung kann dir sagen, ob es etwas gibt, das sie für deinen Hund tun können. Wenn nicht, werden sie dich durch den Einschläferungsprozess führen.

Sobald du deinen Hund nach Hause bringst, wirst du feststellen, dass nichts wichtiger ist, als sicherzustellen, dass dein Vierbeiner das bestmögliche Leben führen kann. Die Entscheidungen, die du auf dem Weg triffst, haben viel mit seiner Gesundheit und seinem Glück zu tun. Bewegung, Ernährung, Hygiene und Vorsorge können die Lebensdauer deines Hundes um Jahre verlängern und ihm viel Qualitätszeit mit dir geben. Denk daran, dass dein Tierarzt eine großartige Ressource ist, und ihr solltet zusammenarbeiten, um deinem Hund die Gesundheitsversorgung zu geben, die er verdient.

Cockapoos sind großartige Begleiter für einen Erstbesitzer oder einen erfahrenen Besitzer einer ganzen Meute! Sie sind entzückende, muntere, süße Hunde, die gerne Zeit mit ihren Menschen verbringen. Ihre Intelligenz macht sie leicht zu trainieren, und ihre Verspieltheit macht es leicht, sie zu lieben. Kein Wunder, dass diese Mischlingsrasse schon so lange geschätzt wird – sie ist das perfekte Gesamtpaket unter den Hunderassen.

www.ingramcontent.com/pod-product-compliance
Lightning Source LLC
Chambersburg PA
CBHW071307130626
46556CB00004B/1498